**Robert Patrick Martin – bald ist ladenschluss**

**gedichte und erzählungen**
**während der**
**bursitis,**

---------------------------------------------

*die*
*mich*
*7*
*tage*
*an*
*den*
*stuhl*
*fesselte*
*bevor sie mich*
*sonntags*
*wieder*
*ausspuckte.*

**Robert Patrick Martin**

# BALD IST LADEN-SCHLUSS

Gedichte und Erzählungen
während der
Schleimbeutelentzündung,

*die mich sieben Tage an den Stuhl fesselte,*
*bevor sie mich Sonntags wieder ausspuckte.*

Erzählungen, Kurzgeschichten und Gedichte und irgendwas dazwischen, aus dem 5. OG der *Platte – Penthouse sozusagen.*

Rediroma-Verlag

Bibliografische Information der Deutschen Nationalbibliothek:
Die Deutsche Nationalbibliothek verzeichnet diese Publikation in der Deutschen Nationalbibliografie; detaillierte bibliografische Daten sind im Internet über http://portal.dnb.de abrufbar.

ISBN 978-3-98527-347-8



Zeichnung: Abb. 3 Hannah Martin
Zeichnung: Abb. 2 Linda Martin
Zeichnung: Abb. 1 Robert. P. Martin
Cover: Robert P. Martin
Lektorat: Daniel Bieter



www.rediroma-verlag.de
8,95 Euro (D)

Buch

In Deutsch hatte er immer eine 6 – deshalb fühlte Martin sich oft *SCHEIßE* und *DUMM.* Er kann sich noch an einen Aufsatz erinnern, da bekam er mal eine 3,5 das war für ihn wie, wenn X-Mas und Ostern (Auferstehung) oder der Geburtstag zusammenkrachen. Frau Huber (Klassenlehrerin) lobte sogar den Inhalt. Irgendwas mit einem schwarzen Falter hatte ihr besonders gut gefallen. Lesen ging auch nicht gut. Eigentlich funktionierte nichts so wirklich normal – das Leben ruckelte und knarzte wie eine alte Zahnradbahn. Da meinte der Facharzt, das ist eine Lese- und Rechtschreibschwäche und außerdem eine dysfunktionale Autismusstörung. Das wars dann, dachte er. Mit dieser Rumpfmannschaft begab Martin sich zwangsläufig ins Abenteuer Leben – weil auch das mit dem Auschecken als junger Mann nicht geklappt hatte. Seine Sprache ist gestört, der Rest beschädigt, aber der Cocktail daraus speziell und einzigartig.

Autor

Geboren wurde der Autor in der Proletarier-Hochburg Mannem. Der Dialekt, der hier gesprochen wird, ist barbarisch und niemand würde hier Menschen mit *Style* oder Intellekt vermuten. Zuerst wurde Martin von seinen Aufpassern verprügelt, dann drosch das Leben auf ihn ein. Er schlug selten zurück (versuchte eher wie ein Phantom durchzukommen), mal in der Leergutannahme, dann im Straßenbau oder in der Lebensmittelbranche. Die Jobs kamen und gingen. Das Studium schaffte er nicht und weil Martin es satthatte, verprügelt zu werden, zog er die Uniform an. Aber da *droschen* auch alle auf ihn ein. Auf der Straße, das ging noch, das war wenigsten fair. Im Büro das war unmenschlich, würdelos, *sklavig* und einseitig. Da hing Martin die Amtsjacke an den Nagel. Ging auf 'ne Insel, nahm seinen Laptop, verschanzte und versteckte sich und fing an zu schreiben.

*»Ein Bekannter meinte mal zu mir, ist doch egal wie verrückt die ist, entweder du kannst mit ihr klarkommen oder nicht.«*

*»Das Leben ist wie eine Schmeißfliege, es will einfach überall hin.«*

# Inhalt

# Ein kurzes Vorwort

Dieses Buch entstand, weil eine Schleimbeutelentzündung mich erwischte. Eingefangen hatte ich mir die bei einem Besuch der KZ-Gedenkstätte Barth. Meiner Meinung nach durch die Schatten der Vergangenheit.

Dort steht eine Tafel, wo mal die Krankenstation war. Trümmer liegen herum und eine Treppe führt nach unten. Ein Albtraum, was man den unschuldigen Menschen antat. Ich bin mir sicher, dass ihre Aura oder ihre Seelen dort noch umherwandern. Warum sie mich ausgewählt hatten, weiß ich nicht, aber ich bin sehr dankbar dafür.

Gedichte schreiben und überhaupt das Schreiben, liebe Leserin und lieber Leser, bei mir ist Teil einer Transformation von Ängsten und Störungen und innerer sowie äußerer *Kritik.* Ich kann Ihnen nur empfehlen, nicht zu unterschätzen wie wichtig das Auf-Schreiben ist, um sich mit Problemen und Lebensthemen auseinanderzusetzen.

*Dichten* ist sozusagen die Visualisierung, die Sichtbarmachung, die hohe Kunst der Wortverkettungen, das Weiß auf Schwarz (oder umgekehrt), das erste Licht in der Dunkelheit, der Finger in der Wunde und das unauslöschliche Aufzeigen – Glücksmomente. Neue Welten entstehen in unseren Köpfen. Wir werden zum Cristofero Colombo und brauchen dazu noch nicht einmal Schiffe oder den Hafen verlassen. Diese Wunder gibt es gratis.

UND ES KOMMT ÜBERHAUPT NICHT AUF DEN LITERARISCHEN ME(E(H)RWERT AN!

Barth-Süd, September 2021, *Robert P. Martin*

# … Schleimbeutelentzündung …

Es war wie immer.
Aber dann doch anders, tat sehr weh, beim Aufstehen.
Es war ein anderer Morgen,
nicht der letzte,
gestern war noch alles ok.
Jetzt auf einmal brannte es in der Hüfte, rechts.
Wie ein Waldbrand,
wie als Kind – als ich das erste Mal auf die Herdplatte griff.
Das Aufstehen fiel schwer, viel schwerer als yesterday – all my troubles seems so far away, mmm … mmm … now it locks though they're here to stay … haahaaha … wo ist das Gestern?
Ich war deprimiert, wollte mir Sorgen machen.
Bleib deshalb liegen, verrecke halt einfach.
Mit großer Mühe doch aufgerafft,
die Schmerzen nehmen nicht ab.
Kann eigentlich nur humpeln.
Gestern nix gemacht? WARUM ALSO?
DARUM, DU DEPP!
Verstehe. Haahaahhaa … Yesterday ...
Der Schmerz ist ein Geschenk,
ein Übernachtgeschenk.
Ich sagte nicht danke!
Es tat immer mehr weh, fühlte sich an wie glühende Grillkohle.

Nächster Tag – größerer Schmerz.
Ich wollte durchdrehen. Das Aufstehen war fast unmöglich.
Ab und zu musste ich leise schrein.
Geh zum Arzt, sagte eine Freundin.
Scheiß Ärzte, dachte ich.
Ich konnte fast nicht laufen, musste humpeln, und die Arme zu Hilfe nehmen.
Opas Krückstock fehlte mir.
Es ist verdammt schwierig, einen guten Doc zu finden, der nicht nur für seinen Mercedes arbeitet.
Neue Nacht. Kein Schlaf, der SCHMERZ wird immer noch gewaltiger.
Wollte wieder schreien und heulen. OHNMACHT + TRÄNEN.

Dann die Erlösung.
Ich bade im Schmerz. So funktioniert's.
Bekomme davon einen HARTEN.
Ich liebe diesen pochenden, hämmernden Schmerz.
Könnte jubeln und heulen zugleich.
Ich tauchte in einem Meer von pulsierendem Schmerz.
Es ist das beste Bad meines Lebens.
Ein Tropfen auf der Spitze erscheint. Es zuckt.
Gehirnmasse schleudert raus.
Halb paralysiert,
wie mit dem Rad auf'm LSD-Trip,

überkommt mich der Schlaf.

Vierter Morgen. Es fühlt sich besser an. Ganz wenig.
Hände sind klebrig, Pyjama klebt am Bauch.
War seit Tagen nicht mehr draußen.
Ich versuche einen kleinen Spaziergang.
Komme nicht gut voran,
ganze Hüfte geschwollen.
Die Bänder reiben, die Muskeln sind verhärtet.
Gehe ganz langsam, ganz GEFÜHL-voll.
ACHTSAM schreite ich dahin, das LEBEN fühlt sich TOLL an.
Ich und der Schmerz, Hand in Hand,
mein BUDDHISTISCHER Lehrer – DANKE!
Spüre große Dankbarkeit.

Nächster Morgen, es geht mit riesen Schritten voran.
100 Prozent weniger glühende Kohlen.
Kann schneller gehen. BIN TRAURIG.
Lebe das ALTE-L E B E N weiter,
die ACHTSAMKEIT ist VERSCHWUNDEN.
SHIT, sollte wohl nicht sein.

# Eine Frage bitte

Bei COVID ist das Mittel der Wahl – Impfen (alternativlos!).
Buddha sagte, es gibt immer Alternativen …
Bei Regen ist das Mittel der Wahl – ein Schirm.
Bei Sonne – Sonnencreme.
Bei der Klimakrise – scheißegal!
Urlaubsflieger – hurra!
Bei Afghanistan – kurzes ahh … + ohh …
Bei Feinstaub – scheißegal!
Bankenkrise – alle Armen zahlen drauf, haha.
Bodenzerstörung – scheißegal.
Maskendeals, CumEx, Steuervermeidung – oha … wegschaun.
1 Million Barrel Öl pro Tag – scheißegal!
Wasserknappheit – Pool im Garten.
Klima – ahh … + ohh … oha … hm?
Bodenverlust in Allemania – keine Ahnung.

Gibt es einen natürlicheren und besseren Umgang mit der Erde?
Reflektion, Rückbesinnung – Nö, no Bock.
Selbstverantwortung – selbst DENKEN mit dem gesunden Menschenverstand – Nein denken lassen – JA.
Trinkwasser voller Gülle-Nitrat – leckarrr.

Was tust du?

Machst alles, was die oben sagen
und fährst SUV und lässt Bomben werfen,
isst billig Quäl-Fleisch
und Shopping ist deine liebste
Beschäftigung.
Schönes Dilemma.

# Polizei

Notgedrungen landete ich bei der Schmiere.
Studium geschmissen, war zu faul.
Zu viel Party, zu viele Drogen.
Die Faulheit blieb,
die BTM's nicht.
Wurde darum erstmal Polizeimeister.
Meister, Meister, großer Meister,
Meister der Grünen-Minna.
Machte viel Spaß, am Anfang.
Drogen – Haha vom Hasen zum Jäger,
Castor, Fahrraddiebstahl, falsch Parken,
EG Graffiti,
EG Lupe,
EG TWE,
EG Straßenhure,
EG Dumm-Fick
Vergewaltigung, Mord, Totschlag.
Grundrechte verteidigen. Leben retten.
Leichenschau. Personenschutz. Theater.
Strafzettel. Viel Gewalt. Wenig Dank.
Das Fass lief voll.
Nach 30 Jahren machte sich der Wahnsinn breit.
Internet, Formularwahn, Massendaten.
2.0, 3.0, E-Mail-Postfach voll, kein Urlaub.
Zu viel Sumpf.
Drehte durch. Mir reichte es.
Vietnamkrieg dauerte nur 20 Jahre,

dann hatten die auch keinen Bock mehr.
Kündigung – Abschied.
Frischer Künstler-Kamikaze, besser andersrum.
Wagnis, Abenteuer
und wieder Drogen. Yearr!

## Gedichte schreiben klappte noch nie

Das mit dem Gedichte schreiben hat bei mir noch nie geklappt. Darauf hatte ich schon Tage und auch Wochen und auch Monate, sogar Jahrzehnte verschwendet. Es kam nie was Gescheites raus. Nur so Nullachtfünfzehn-*KRAM*. Goethe für ganz Arme. Es war immer ein Rumgerühre im Klo und egal, was ich anstellte, es blieb ein Rühren im *Dünnschieß*.

Die Zeit und das Papier waren reinste Verschwendung. Das Zeug war auch immer zu radikal und schmutzig.

Dann las ich dieses kleine Büchlein. *Vergiss die Freude* nicht. Da machte es klick und mir wurde klar, so geht das – so rennt der Hase. Das *kannscht* du *oach* so mache – ist vielleicht Kacke, aber immerhin isses was, das, vielleicht hat's oach was, es macht Freid. Beim Gedichte schreiben ist nur eine Sache wichtig. Es musste Freude machen. Knallen! Also musste es schmutzig und hartgekocht und locker wie Biskuit werden.

Funktionierte aber wieder nicht. Die Jahre gingen ins Land. So gerne hätte ich gedichtet. Alle neuen Versuche scheiterten kläglich an meinem Intellekt. Kein Wunder, ich hatte eine Lese- und Rechtschreibschwäche, hatte mal eine starke Hirnhautentzündung (blieb leider einiges zurück), war ein ADHS-Kind, ein Psycho, ein *Wahnsinni-*

*ger*, konnte mich nicht wirklich konzentrieren und konnte nicht aufhören, ständig weiter in der braunen Sch… zu rühren.
*Ich gab's wieder auf, bis gestern?*

# Der Oberkommissar

Endlich mal ein Wochenende frei.
Abschalten.
Spazieren im Wald, im Käfertaler Stadtwald, am Karlstern.
Schöner Wald,
die krummen Kiefern,
der Brunnen plätschert.
Es ist Sonntag früh.
Totenstille, wie auf'm Friedhof.
In den Baumwipfeln etwas Wind.
Ab und zu warnt der Eichelhäher – der gemeine Nesträuber
Noch keiner unterwegs.
Herrlich, die RUHE GENIEßEN. Tief einatmen.
FA.

Ein Tropfen BLUT, da noch einer, wo geht das hin.
Tief im Wald, immer wieder Blut.
Meer Blut, viel Blut – eine Blutspur.

Wills nicht sehen. Habe FA.
Hilft nix.
Bin Bulle durch und durch.
Muss der Sache nachgehen.
Verfolge die Spur, sie ist noch heiß,
geht tief in Wald,

Richtung der Bunker.

Ein Geräusch, plötzlich.
Hinter mir, drehe mich um.
Alles wird schwarz.
Ein Schlag, Au-A, sinke zu Boden.
KO.
Aua, tut ziemlich weh.
Komme langsam zu mir.
Wo bin ich, alles dunkel.
Da, ein Licht, eine Tür in die Freiheit.
An den Stuhl gefesselt. Mist.
Die Bunker im Wald!
Es war ein Hinterhalt? VERDAMMT

Ha, das Seil ist zu locker, komme raus.
Wieder frei, geil.
Aufstehen, strecken, ahhh …
Da liegt ein toter Hase, der Lockvogel.
Schritte, draußen, Anspannung.
Ein Schatten in der Tür.

Du Arschloch, das kriegst du back.
Anlauf, Fuß in den Bauch.
Klatsch, Faust in Fresse – Krach.
Wut, Hass, töten. Er oder ICH?
Krach, Krach, Krach, Batsch – Kettenfauststöße
überall hin.
Da fliegt ein Zahn, Haare liegen am Boden.

Fertig, Ende, liegt im Staub das SCHWEIN.
Wer bist du?
Warum das alles?
Du hinterhältige DRECKSAU.
Zu dunkel, rausziehen vor die Tür.
Wie ein nasser Sack – Fettsau. Fettsäure.
Arschgesicht!
Endlich, mehr Licht, die Sonne.
Mütze ab, Brille runter, zeig mir dein Gesicht.
Neiiinnn …
Du verdammte Kröte.
Ich kenne dich.
MUTTER, warum hast du mir das angetan?

Ahhhh … rggg
Lebt noch, die alte Schachtel. Will dich würgen.
Packt mich an den Ohren.
Reißt mir den Kopf nach unten.
Nicht die Nase.
Auahhhhhhhh …
Scheiße!
Die Nase ist ab, abgebissen mit den
neuen Zähnen,
das zahle ich dir heim.
Wut, grenzenloser Hass.

Schlag dich tot, mausetot
und dann hole ich mir eine neue Nase,

aus Plastik, mit USB-Anschluss
und UKW-Empfang. Aus deinem Nachlass.

Aus einem Nachteil,
einen mindestens genauso großen Vorteil machen.
Ich kriege die geilste Nase Welt.

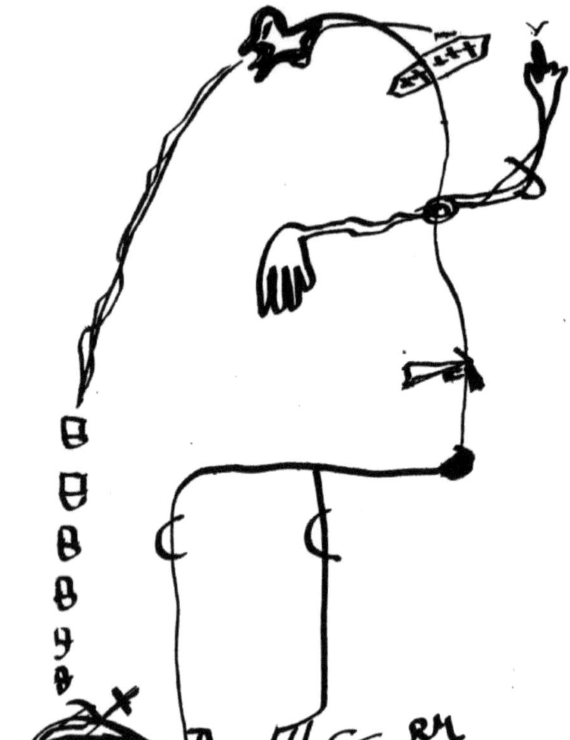

(Abb.1)

# Adolfs Bruder ist back?

Schlimme Lage.
Wirtschaft brummt.
Fernseher werden immer größer.
Geldhaufen auch.
Blick in Kühlschrank – Ludwig der XIV wird neidisch.
Paradies ist here.

Grundrechte immer weniger.
Manche leiden – wenige jubeln.
Kritik unerwünscht.
Zensur erwünscht.
Diffamierung Alltag.
Maler hat keinen Pinsel
und keine Farbe seit 1 Jahr.
Ist traurig, dann hilflos, plötzlich wütend, jetzt zornig.
Macht Faust in der Tasche.
Des Pudels Kern unerkannt?
Notverordnung – Malen verboten.
Auf zu den Wahlurnen! Nützt nix.
Kein Bock.
Küssen im Park – Festnahme.
Illegale Party – Strafe.
Denunzieren – Orden.
Maskendeal – Reichtum.
Villen kaufen – Rechtsanwalt, spar dir das.

Wahrheit – Idiot.
Schulden, Tote, Überarbeitung.
Kriegswaffen Platz 3 – alle Kriege mitgemacht.
Krankenhäuser weniger, Intensivbetten weniger.
Faire Bezahlung eingestellt.
Angst wird immer größer.
Militär auch.
Ausgangssperre, Kontaktsperre, Berufsverbot.
Nächstenliebe?
Heulen, Schock, Bob Marley und Che.
Ich kenne die Wahrheit. Ich rette euch. Ich helfe euch.
Die Sonne scheint nicht mehr.
Ein Lichtstrahl in der Dunkelheit
Führe euch, kommt.
Kann dich nicht erkennen?
Hunger, Leid, Angst – drum Keine Wahl. Komm!

# Olga

Hatte sich unsterblich in mich verliebt. Jahrelang stellte sie mir nach. Sie war mir aber zu FETT. Eigentlich habe ich nichts gegen DICKE, wiege selbst über 100 Kilo, aber ich mag halt lieber DÜRRE.

Ich war mir auch nicht sicher bei ihr. Was wollte die wirklich? Aber immer war sie so nett und flirtete, soweit man das als Mann mit viel weniger Spiegelneuronen wie die Weiber überhaupt erkennen kann. Ist so wie Temperatur messen ohne Messgerät.

Dann, nach vielen Monaten, könnten auch Jahre gewesen sein, trafen wir uns erneut, zufällig im Wald, in einem Restaurant. Ein Italiener. Ein schlechtes Restaurant, aber mitten unter alten Kastanien.

Der Besitzer war verrückt. Ein Gigolo. Alles, was kaputtging, hob er auf und machte daraus schreckliche Kunst. Baumwurzeln mit zerbrochenen Gläsern drin. In den Gläsern Erde oder sollten das mal Blumen gewesen sein? Kräuter? Selbst gemalte Bilder an Bäumen, die vom Regen zum Teil unkenntlich waren. Oder war er der neue Beuys? Aber er liebte die Frauen, wie jeder normale Mann, und ließ sich mit Cicciolina auf einem Foto in eindeutiger Poste ablichten. Das brachte bei mir die meisten Sympathiepunkte auf seinem Konto ein.

Hinterm Restaurant verbrannte er den Müll in einer Tonne, um Gebühren zu sparen. Wenn der Wind doof wehte, stank es vorne an den Tischen – nach verbranntem Plastik, so ein Dioxin-Geruch oder wie in den Ländern, wo sie alte Autoreifen verbrennen, aber das störte außer mir niemanden. Auch das Klo stank, war undicht, die Pisse schwamm umher und er stank ebenso, denn er rauchte Kette. Abends, wenn die Gäste fast alle weg waren und der Chef auch mit seinem Ferrari den Hügel runter war, dann brüllte die Küchenhilfe wie der Boss von *Herr Rossi* und alle hörten ihr zu. Sie war offensichtlich noch auf der Suche nach dem Glück, dem Traumjob. Es war ein bizarrer Laden, deshalb gefiel es mir so gut – bisschen wie *Titty Twister*.

Da traf ich die Olga wieder. Sie saß da mit ihrem Vater und beide hörten andächtig der brüllenden Hilfe zu. Olga war etwas jünger als ich. Sie hatte stark abgenommen. Sah jetzt viel besser aus. Der Vater sah sehr alt und gebrechlich aus. Olga winkte und kam herüber. Sie wollte unbedingt, dass ich mich zu ihnen setzte. Ihre Augen glänzten. Sie schien sich riesig zu freuen. Ich konnte nicht NEIN sagen und war auch schon etwas betrunken.

Das mit dem Vater war ihr Fulltimejob. Vater war ein Pflegefall. Das war sehr nett von ihr. Das gab viele Pluspunkte. Sie hatte etwas Aufmerksamkeit usw. verdient. Vater war auch nett, sprach nur wenig Deutsch, ich verstand nicht viel, aber er sagte gottlob auch nicht viel. Gegen 22 Uhr bekam ich ihre Nummer. Olga war total charmant. Sie glühte und strahlte. Wir verabredeten uns für einen Kaffee, demnächst. Ich hatte Angst, dass sie mich vergewaltigt, denn ich war, was das anbelangt, einfach zu gutmütig und Olga war nicht ganz *meine Tasse Tee*.

Abends um Mitternacht schrieb die mir plötzlich noch. Ich hatte schon gebetet, unbeschadet wieder aus der Nummer rauszukommen. Fragen, viele neugierige Fragen. Sie konnte es wohl nicht aushalten, etwas hatte sie angetriggert. Sie erklärte, dass sie Single sei, zu lange, und GEIL und, seit sie abgenommen habe, noch viel geiler wäre. Das machte mich jetzt doch heiß und ich erklärte ihr, dass ich gerade geil wurde.

Das mit dem Abnehmen leuchtete mir ein. Sie wollte dann ein Bild von mir haben.

»Was für eins?«, fragte ich.

»Ich will sehen, ob du wirklich geil bist.«

Ich machte die kleine Lampe vom Boden an und leuchtete damit unter die Bettdecke. Er stand wie ein Zinnsoldat und sie bekam ihr Foto. Jetzt war sie ganz aus dem Häuschen. Sie schickte ihre nasse *Fut*. Es war gewaltig, eine große Höhle und noch immer viel Fett dran. Zum Glück lagen mehrere Kilometer und meine metallenen Kellertüren zwischen uns, sonst hätte ich richtig Angst bekommen, dass OLGA plötzlich tropfnass und herrisch vor mir steht und mir befiehlt.

»Mach Videoanruf«, befahl sie. Mir war ganz anders. Wollte das eigentlich nicht. Kannte das auch nicht. Doch, ich war zu gutmütig und geil obendrein. Das Leben ist zu kurz, um Geschenke abzulehnen. Sie hatte es auch verdient. Sie kam nie raus, wegen Vater. Da war sie in ihrem Bett, nackt, gewaltig wie eine Robbe mit riesen Brüsten. Jede davon, schätzte ich, wog mindestens fünf Kilo. Melonen. Ich bekam große Angst, war aufgeregt, zitterte, wurde nervös und dieser Cocktail knallte. Das gefiel mir, alles hatte etwas Schmutziges, wie das WC beim Italiener. Meine Furcht schmeckte bittersüß, wie in einem schlechten Ghetto-Porno. Maniac-Wahnsinn. Schummriges Licht, zittrige Kameraführung, es war surreal, es waren doch nur Bilder in 4K, eigentlich passierte gerade nichts. Telefone leuchteten in der Nacht. Olga war so gar nicht mein Typ, aber sie hatte den dirty Talk drauf, wie ich es noch nie erlebte. Darin war sie eine Meisterin mit blühender Fantasie. Jede hatte ein Talent und bei mir sollten sie auch noch etwas Einzigartiges haben und an mir was finden – das letzte war wohl das schwierigste. Das andere nicht so. Oder wie Siddhartha schon erklärte, jeder und jedes kann Buddha-Natur werden. Etwas Besonderes hatte fast jede zu bieten: eine große Nase, lange Nippel, einen breiten Mund oder einen riesen Arsch oder long legs, große Zähne, blondierte Haare, lange Finger, große Adern, Muskeln, ein geiles Auto, marmorne Oberfläche, dicken Kitzler, total feucht oder sehr trocken, schluckfest oder am besten nur dürr und ausgemergelt. Die DÜNNEN mochte ich am liebsten, aber drall und prall konnte auch funktionieren. Der Strom musste einfach fließen, und zwar 10.000 Volt.

In ihrem fast perfekten Deutsch fragte sie immer: »Ist er wach?«

Er war wach und wie, klar antwortete ich und wir wixten uns beide was vor, bis wir zusammen kamen. Sie turnte mich so an mit ihrem perfekten obszönen Gequassel, nur in den Mund spritzen durfte ich ihr nicht, auch nicht virtuell. Das war scheiße und gemein, aber ich behielt es für mich, dachte aber, Baby, da hast du dir dein endgültiges Grab geschaufelt. Etepetete, das geht gar nicht.

»Gute Nacht.«

»Gute Nacht, danke.«

Ich hatte jetzt noch mehr Angst, denn Olga hatte Blut geleckt, sie war heiß auf einen Ritt, sie kannte meinen Schwanz, sie war eine Beziehung mit ihm eingegangen, sie hatte mich an der Angel, konnte mich manipulieren und wollte nun, dass ich sie im Wald auf dem Spielplatz pimperte.

Sie hatte mir schon alles genau beschrieben. Manche Teile klangen gut. Seilbahn, Netzschaukel blablabla. Aus der Nummer war schlecht rauszukommen. Wie das Damoklesschwert kreiste nun Olga über mir. Sie würde keine Ruhe geben, in dieser Alters- und Gewichtsklasse waren harte Schwänze Mangelware.

Vielleicht konnte ich sie einfach nur ein bisschen lecken, denn das war meine Spezialität. Schätzungsweise reichte es ihr, wenn ich sagte: »Du, heute ist mir nicht so danach, weißt du, meine Störungen, aber ich fingere dich ein bisschen und wir können küssen und später holst du mir einfach schnell einen runter, dort drüber an der Tischtennisplatte.«

Ich wusste, ich war zu gutmütig, zu einfältig und das Schicksal war gegen mich.

# Der Künstler

Ein Künstler ist die ganze Zeit am *künstlern.*
Wieso verstehen das manche nicht!?
Ein Künstler hat auch keine Zeit zum Einkaufen,
oder Kinder erziehen oder Friseurbesuch oder
duschen.
Michelangelo ging auch nie vom Gerüst.
Er war ein Haufen Marmorstaub.
Ich kenne einen Künstler, der hat keine Zeit,
seine Bilder zu verkaufen – er malt viel lieber.
Ein anderer findet keinen Verlag,
da bleibt die Kasse leer.

Gerade bin ich am künstlern.
Nichts geht voran – oder doch?
Ich machte ein Bild aus weggeworfenen,
überfahrenen, demolierten,
einsamen, einzigartigen
Kronenkorken von Bierflaschen.
Gutes Bier brauen ist auch eine Kunst.
Nicht das Plastikzeug von heute.
Das Reinheitsgebot ist bei vielen tot?
Malen kann ich nicht.
Schreiben auch nicht.
Musizieren, nur Katzenmusik.
Singen, keine Stimme.
Fotografieren – nur Selfies.
Talentfrei flüsterte der Typ in meinem Ohr.

Mag sein, aber heute habe ich den ganzen Tag
wieder nur
*gekünstlert* und alles andere blieb liegen,
also muss ich doch einer sein.

Geiler Tag und er ist erst zu 2/3 rum
Und ich habe schon 600 verdellerte Kronkorken.

# Nix

Heute war nix los.
Ganzer Tag Melancholie.
Nichts passierte.
Nur der Postmann kam und nahm das Paket
wieder mit.
Hatte nur 1 x geklingelt, die Lady.
Im Rewe war nix los, alles wie immer.
Wohnung versucht aufzuräumen.
Klappte auch nicht so gut.
Es gab zu viel Dreck.
Drecksack, du Drecksau, deine Klamotten
speckig.
Hagebaumarkt nix los gewesen.
50 Cent im Einkaufswagen stecken lassen.
Warum nicht? Trinkgeld.

Zu Essen gab's viel, Curry und Chips.
Trinken auch.
An solchen Tagen hilft viel trinken.

Nachmittag kam noch Besuch, unerwartet,
die Nachbarin,
aber brachte nix.
Nichts passierte. Leider, dann ging 'se wieder.
Schade!

*Staub-gesaugt*, aber brachte nichts.

Wohnung zu groß. Kam nicht durch.
Bett frisch beziehen. Klappte nicht.
Matratze zu groß, vier Ecken, 120 x 200.
Nach drei Metern und drei Ecken war ich k.o.

Egal. Doofer Tag brachte nix, nix Gescheites.
Nichts ist los, drin oder draußen.
Nix geht voran.
Eine geile Nixe, das wär jetzt toll.

# Ein paar Gedanken über die Börse

Geld verdienen ist geil.
Reich sein auch.
Und potent sein.

Arm sein ist scheiße.
Die meisten sind arme Schlucker.
Müssen alles schlucken und
bleiben immer arm.
Am schlimmsten sind die Frauen dran.
Müssen noch mehr schlucken,
dann die Männer, dann der Rest.

Ein Bekannter von mir hat keine Frau.
Eingefleischter Single.
Sie mögen ihn nicht sofort nicht, dauert kurze
Zeit, dann,
weil er hat keine guten Manieren.

Alle wollen mehr Geld.
Sie träumen davon.
Aber die meisten haben keine Ahnung davon.
Deshalb spekulieren sie nicht.
Allerhöchstens staatliches Lotto,
oder Toto.

Der Bekannte zockte mit Bitcoin.
Jetzt ist er ziemlich reich.

Jetzt spielt er Lotto, macht Pferdewetten und haut auf die Kacke.
Jetzt mögen ihn alle. Selbst nach dem ersten Mal.
Auch die *Vraun.*

Ich mag ihn jetzt auch noch lieber,
denn er gibt immer einen aus.

# Chemo in der Hauptstadt

Ging mal auf 'ne Demo.
War meine erste auf der anderen Seite.
Davor war ich ein Ninja-Turtle-Mann –
hochgerüstet
wie ein Sniper.
Und undercover agent.
Verteidigte die Grundrechte der anderen.
Schützte die Verfassung.
Kämpfte für den *tollen* Staat mit meinem Leben.

Endlich dann,
die wohlverdiente Pension.
Zeit, mal was anderes zu machen.
Da ging ich auf 'ne Demo,
aber andersrum.
War in Berlin.
Waren viele Demos an diesem Tag.

Traf dort Lehrer, Polizisten, Inder, Kranken-
schwestern, Indianer,
fast nur friedliche Bürger, Ärzte, Künstler,
Uniformierte, Rechte, Linke,
Identitäre, Reichsbürger, Schwule, Homos, Kiffer,
Lesben,
Frauen, Kinder, Verrückte, Behinderte, Verkäufer,
Kranke
und Schüler und Touristen und Polizisten,

verkleidet wie Robocop.

Die meisten hatten Angst und Sorge,
um die schöne Demokratie.
Immerhin lebten wir alle gut damit – so long.
Es war so friedlich. Es ging uns gut.

Wir sangen Lieder von Joan Baez und
Bob Dylan.
Ich war so stolz auf uns.
Endlich konnte ich mal was zurückgeben.
Danke Deutschland – dank an deine geile
Demokratie.

Am nächsten Tag war ich entsetzt.
Der Bundespräsident erhält über 200.000 Euro
Gehalt.
Dafür muss er wohl sehr weise sein.
In seiner Weisheit meinte er:
»Das sind alles Rechte und sie wollen
die Verfassung
abschaffen, den Reichstag platt machen.«
Ich kam mir plötzlich vor wie ein Krebsgeschwür.
Ich war traurig.
Es war wie bei Mutti.
Dabei wollte ich das Beste! Die anderen auch?

Es gab Chemo nach der Demo
und das war schrecklich.

Nie mehr Demo für mich – Demokratie ade.
Von Demo-Kastrierung hatte ich genug.

Jetzt status-quo Bürger,
Maul halten,
alles erdulden,
eigene Meinung verinnerlichen,
durchwurschteln,
aber das ist leider nicht mehr mein Staat.
Ich würde ihn abschaffen und anklagen.

# Taxaceae und Taxi(n) B

Ich kannte mal einen, das war ein echter
Naturbursche.
So wie das halt im Großstadtdschungel geht.
Er aß alles, was er fand, auf seinen As-
phaltwanderungen.
Sogar den bitteren Löwenzahn
oder den sauren Klee und Wacholderbeeren.
Er meinte, Bitterstoffe wären megagesund
und Oxalsäure auch.
Die Hundepisse daran störte ihn nicht.

Auf Eiben war er ganz verrückt.
Die sind giftig, sagte ich ihm.
Das stimmt, meinte er, aber die rote Frucht nicht.
Er war richtig gierig darauf, SÜCHTIG,
wie die Amseln, die vergessen dabei regelmäßig
sogar die Katze,
denn das Fleisch schmeckt wie Zuckerwasser.
Es war seine Sucht – Kaloriensucht.
Er war ein Eiben-Junkie.
Sobald er eine Eibe sah, stürzte er sich drauf.
Er hörte erst auf, wenn alle roten Beeren gefressen
waren.
Dafür bog er die Zweige ganz runter oder
kletterte bis in die Spitzen.

Die Kerne darin sind aber giftig.

Richtiges ACID, sagte ich ihm.
Das stimmt, meinte er, aber die spucke ich immer aus.
Pfuitttt, flog der Kern in der Luft,
dann auf den Boden, klack.
Er war ein feiner Kerl. Achtete die Natur.
Fuhr immer Taxi.
Irgendwann fand ihn Schneewittchen tot neben einer Eibe.

Die Obduktion ergab, dass er drei Kerne gefressen hatte.

Und die Moral von der Geschichte?
Unbekannt – aber mindestens dumm gelaufen.

# Die verd. Drogen und Pippi

Pippi war die Tochter von so ’nem Buddhisten.
Der Kerl machte immer auf Weltverbesserer.
War’n Konsumverweigerer,
lief jeden Tag 10.000 Schritte,
lebte vegan,
Schritt achtsam durchs Leben, haha, harr,
sorgte sich liebevoll und aufopferungsvoll um seine Familie,
Hob jeden Tag ein Stück Müll auf.
Schrieb scheiß Lyrik-Kram, der irre Typ.
Glotzte kein Fernsehen,
außer in Hotels.
Baute Kräuter an, sammelte die Schnecken im Garten
und brachte sie in den Wald.
Bastelte ein Insektenhotel.
Fütterte die Vögel und hatte Spaß daran.
Kümmerte sich um die Nachbarinnen.
Hatte ’n Patenkind in Afrika.
Half jedem Menschen in der Not.

Ein richtiger Kotzbrocken,
mir ging der immer total auf die Nerven.
Ich mochte die Scheinheiligen viel lieber.
Der Typ war ein Langweiler
und verdammter Prophet noch dazu.
Propheten sollte man mundtot machen,

denn die wiegeln die einfachen Leute auf.

Dann kam raus, dass die Tochter Drogen nahm,
überhaupt war die irre und schon mal in der
Irrenanstalt.
Das ergab keinen Sinn?
Das haste davon, dachte ich bei mir.
So anständiges Verhalten-Vorbild treibt
die Kinder ins Verderben.

Du bist selbst schuld daran,
wärst du nicht so verdammt lieb gewesen,
so ein scheiß Gutmensch
und Weltverbesserer,
hättest du es gemacht wie all die anderen.
Gierig, rücksichtlos und menschenverachtend.

Wie soll ein normaler junger Mensch,
der solche Tugenden genossen hat,
auch mit dem Rest da draußen klarkommen?
Würdelos.

Das musste schiefgehen. War mir von Anfang an
klar.

Mein Bekannter, der Buddhist, war traurig, aber
nur kurz.
Dann sagte er, ich habe dich lieb.

Du wirst immer in meinem Herzen einen Platz haben.

Pippi scherte das nicht,
Liebe und Mitgefühl kannte sie nicht,
sie wollte zerstören und aufmüpfig sein
und ging erstmal nach Amsterdam.

# Das Punktesystem

»Kennst du das Punktesystem der Frauen, Hans?«

»Nö … was soll das sein?«

»Du bist doch Single? Und überhaupt, hattest du noch nie eine längere Beziehung? Stimmt doch?«

»Stimmt, ich will einfach nicht. Hab keinen Bock auf die. Machen immer nur Stress und nörgeln an dir rum.«

»Klar, verstehe, alles kann ein Mann ertragen, nur nicht das Gekeife, aber wenn du das mit dem Punktesystem kennst, klappt's. Die Frauen haben da nämlich so ein Ding. Das funktioniert so ähnlich wie das Sozialkreditsystem in China.«

»Echt? Das wusste ich nicht. Schieß los, ne warte. Willst du noch 'n Bier?«

»Klar, immer. Macht doch schöne Haut.«

Klong, Zschittttt, Klang, Pling.

»Prost mein *Guatschter*.«

»Dong. Schäumt ganz schön, das Zeug.«

»Spritzig halt. Lass ruhig, ich wisch das später auf.«

»Gut, zum Wohl.«

»Das Punktesystem ist eigentlich ganz einfach und schnell erklärt. Komisch ist nur, dass die wenigsten Männer es kennen? Weißt du, wer es auf alle Fälle immer anwendet, Hans?«

»Nö, wer?«

»Die Womanizer, die, wo die Weiber immer nur abschleppen wollen tun.«

»Echt? Das ist schätzungsweise der Trick.«

»Ja, ich weiß es genau, einer hat es mir erzählt, ein Arbeitskollege, der fast jede Frau rumkriegt.«

»Klappt also nicht zu hundert Prozent. Welche kriegt er nicht?«

»Die Hässlichen.«

»Okay, das lasse ich gelten. Aber wieso habe ich noch nie was davon gehört … von deinem Punktesystem?«

»Hmm … schätzungsweise, weil es top-secret ist, und überhaupt wissen das nur ein paar ganz wenige eingeweihte Männer. Ein geheimer Zirkel. Pssst.« Mit dem Zeigefinger vor dem geschlossenen Mund wurde die letzte Silbe unterstrichen.

»Also, du meinst, auch die Weiber wissen das nicht? Die sind doch in der Regel viel schlauer als wir?«

»Schlauer schon, aber da läuft so ein Programm ab bei denen, davon haben sie keine Ahnung. Ich sage nur Unterbewusstsein, Freud und der Penisneid und Außerirdische.«

»Verstehe, in dem Streifen *La soupe aux choux* wird das schon so ähnlich erklärt. Soll so eine Art Maschinencode sein? Und der Penis soll wohl der Kopf vom Nadeldrucker sein, der den Code hackt. Tack, tack, tack, tack, tack, tacketack …«

»Genau, fest installiert, Darwin hatte das erkannt, das Zeug von ihm liest nur keiner mehr.«

»Darwin drehte das Weltbild auf den Kopf und genauso revolutionär könnte das Punktesystem sein, wenn es hält, was du die ganze Zeit schon versprichst.«

»Also gut, es geht los. Es gibt da dieses einzigartige Punktesystem.«

»Warte kurz, ich geh nochmal schnell pissen.«

»Gut, beeil dich, denn du brauchst dringend diese Infos, damit es in Zukunft besser läuft.«

Die Klospülung rauschte laut, alte Leitungen, nicht isoliert. Der Deckel blieb oben. Händewaschen? Fehlanzeige.

»So, I am back again.«

»Also, die Männer bauen den Frauen Häuser, schuften sich ab, machen Überstunden, malochen sich noch mehr ab, um ihre Königin mit Geschmeide, Ruhm, Reichtum, Luxus und so zu überhäufen.«

»Das ist doch normal, das ist kein Geheimnis.«

»Jetzt wart halt mal ab, bring mir noch'n Bier bitte. Aber'n kaltes. *Weizn* … ohne Glas.«

Pause. Es klapperte in der Küche. Kühlschranktür schließt satt mit einem Pafff.

»Danke, Prost.«

»Zum Wohl.«

»Also, die Frau schaut sich das an, was der Partner so treibt. So 'ne Art Analyse macht die da –

nix true Love. Sie hat so eine Buchführung im Kopf, so eine Art Konto – ohne *Skonto*. Da wird jeden Abend wie an der Supermarktkasse die Abrechnung gemacht. Verstehst du?«

»Ja, und wir bekommen Punkte. Prämienpunkte die wir dann in Gutscheine eintauschen können. Zum Beispiel einmal ficken?«

»Brülll … Nein, ganz so einfach ist es nun auch nicht. Du bekommst also Punkte für das, was du tust. Der Mann denkt, ich habe grade ein Haus gebaut, dafür brauchte ich so etwa ein Jahr, plus Maloche auf der Arbeit, denn der Kasten muss ja auch abbezahlt werden. Da wird sie mir ewig dankbar sein, damit habe ich eingetütet – forever!«

»… und stimmt das etwa nicht? Das ist eine grandiose Leistung und viele ruinieren sich damit sogar die Gesundheit. Dankbarkeit ist doch das mindeste was M A N N da erwarten darf.«

»Ich gebe dir da schon recht, eigentlich, brauchst nicht laut werden, aber so funktioniert das nicht bei denen.«

»Wie dann, ich brauche das Geheimwissen? So langsam bin ich sehr neugierig und fasziniert.«

»Kommt gleich deine Erleuchtung. Also, der Häuslebauer hat sich total verkalkuliert. Weil er das Punktesystem nicht bedachte oder kannte. Selbst eine XL-Tüte Pommes rot-weiß geht schneller leer. Hier kannst du ganz leicht ins Soll rutschen und dann ist's vorbei mit der tollen Beziehung. Dann musste die Hütte wieder verkloppen und die Alte ist auf und davon.«

»Verstehe, Minus darf nicht sein? So viel ist mir jetzt klar. Sonst kündigt die Bank den Kredit sozusagen.«

Das Telefon klingelte. Jim Knopf meldete sich einmal täglich bei Hans, aber der musste jetzt warten. Das war natürlich nur sein Spitzname. Hans schüttelte energisch seinen Kopf und machte lautlos.

»Ja richtig, deine Bonität muss immer zumindest nach außen einwandfrei sein. Makellos. Ein bisschen Minus geht, aber das ist kritisch, wie bei einem Kernreaktor, der anfängt, heiß zu laufen, weil die Kühlung nicht mehr funktioniert.«

»Ok, dann ist es besser, bei einem Minus gleich zu löschen oder die Brennstäbe rausziehen, sonst gibt's den Supergau.«

»Genau, du hast es. Du musst die Minuspunkte sofort ausgleichen. So schnell wie möglich. Da verstehen die keinen Spaß. Dein credit score muss passen. Wie in den USA, aber du kannst ihn aktiv beeinflussen.«

»Verstehe, bittersweet life, aber beim Hausbau habe ich doch mindestens 100.000 Pluspunkte gesammelt, das dauert doch, bis ich die verzockt habe? Das gibt viele Freihfahrtscheine, oder?«

»Das ist der springende Punkt, jetzt sind wir bei des *Pudels Kern,* wie auch schon Goethe wusste. Die Frauen vergeben immer nur einen Punkt, egal was du ihnen Gutes getan hast. Also hier Hausbau oder Heiratsantrag oder Diamantring, 20 Karat, gibt alles immer nur einen Punkt. Nicht mehr. Bei den Minuspunkten ist das grade andersrum.«

»Das ist gemein, unfair, ich könnte heulen vor Wut, so viel Arbeit und dann nur einen Pluspunkt.«

Wieder flimmerte der Bildschirm von Hans' Handy aus dem Schlafmodus auf. Jim Knopf war hartnäckig er rief schon wieder an. Wahrscheinlich hatte er Stress mit seiner Frau. Er bezeichnete sie gerne als Drachen.

»Stimmt, muss ich dir recht geben, aber es wird noch gemeiner, richtig fies.«

»Kann ich nicht glauben, was soll das noch toppen in der Fiesen-Rangliste?«

»Willst noch'n Bier, glaube, ansonsten können wir das nicht vertragen? Zu viel Wahrheit auf einmal für uns.«

»Gerne, immer. Danke«

Der schwarze Kühlschrank ist ziemlich kalt eingestellt. Das gibt Minuspunkte bei der Abrechnung. Franz nimmt zwei San Miguel diesmal.

»Prost.«

Kling, Klong, Dong.

»Zum Wohl!«

»Also jeden Abend beim großen Kassensturz kommt das Geld aus der Kasse, wird dein Konto gelöscht. Es wird die Bilanz gemacht und die Pluspunkte werden wieder auf Null gesetzt.«

»Mir dämmert's, das ist richtig übel, dreckig und ich wusste das die ganzen Jahre nicht. Diese verd… Weiber. Jim Knopf, der immer anruft macht das ganz anders. Er bucht nur ins Minus. Dafür hat er die Hölle. Gibt's noch was?«

»Ja, was ziemlich Schlimmes, das verkompliziert die Sache ungemein.«

»Was ist das?«

»Die Minuspunkte bleiben stehen.«

Hans hatte sich verschluckt und spuckte San-Miguel-Schaum auf den Tisch. Es wirkte wie Gicht oder Brandung bei Sturm. Franz klopft ihm auf den Rücken.

»Lass, wische ich später weg.«

Die Tischplatte ist nicht ganz gerade und so läuft's etwas ab. Es tröpfelt auf den Boden.

»Also ist Beziehung führen aus männlicher Sicht wie die Sisyphos-Metapher mit dem Stein?«

»Genau, so ähnlich, ziemlich ähnlich in der Hoffnungslosigkeit der Sache, also eine gute und vernünftige Beziehung zu führen. Und die Minuspunkte gibt es nicht nur einzeln. Hochzeitstag vergessen, minus hundert dazu. Basta. Gnadenlos.«

Es gibt eine kurze Pause. Stille kehrt ein, die nur von leisen abnehmenden Tropfengeräuschen und dem ab und zu einsetzenden Brummen des Kühlschrankes durchdrungen wird.

»Es gibt keine Hoffnung, siehst, darum bin ich Single und kann die Weiber nicht so gut leiden. Ich habe eine schlechte Meinung von ihnen und konnte das nie so richtig begründen. Wusste aber, es ist ihre Schuld, alles, immer die Schuld der anderen, auch dass meine Beziehungen nie gut liefen.«

Naja, dachte Franz, anderes klappt auch nicht so bei dir und schuld sind da auch immer die anderen! So eine Dauerausrede bei vielen.

»Könnte sein? Jetzt weißt du's zum Glück. Eine Sache noch, es gibt da noch was Positives. Wie wir Männer dieses Urprogramm der Frauen für uns nutzen können. Sisyphos hat es nie geschafft, aber wir zwei verändern das Schicksal. Dafür müssen wir halt bissel betrügen.«

»Es gibt Hoffnung? Prima! Cheaten ist ok! Ich halte kurz fest. Egal, was ich mache, es gibt immer nur einen Punkt und am Ende des Tages verfallen alle Punkte außer die im Minus. Von den Minus-Dingern kann's auch mehr geben. Beziehung führen, mit Frauen klarkommen kann eigentlich nie funktionieren, wegen dem Maschinencode und dieser Sachen.«

»Richtig, du bist ein fixer Kamerad. Prost.«

Klong. Batsch.

»Du startest bestenfalls jeden Morgen, wenn du neben ihr aufwachst, wieder mit null Points. Mehr ist nicht drin.«

»Klingt aber eher demotivierend. Deshalb auch immer der Druck, Dieses Gefühl, dass einem jemand die Kehle zudrückt. Der Hals sich immer zu trocken anfühlt. Zum Wohl.«

Klong. Klang.

»Ja. Psychoterror und Folter. Abwarten, wenn ein Hausbau ansteht oder wenn du ihr ein teures Geschenk machst, zum Beispiel, ein Tesla Cabriolet, wenn das immer nur einen Punkt bringt, und, wenn du Valentinstag vergessen hast, zehn Minuspunkte, dann ist es doch gar nicht so schwer zu beeinflussen. Oder?«

»Hmm … ähh … *jein.* Brauche ein Beispiel. Wie viel Punkte gibt ein Kuss?«

»Top Frage. Einen Punkt. Also morgens nach dem Aufwachen gibst du ihr gleich einen Kuss und, peng, schon hast du einen point. Wir gehen davon aus, dein Konto war neutral, noch einen Kuss. Gleich morgens schon zwei Punkte gemacht, sogar mit schlechtem Atem klappt das.«

»Lol. Zwei Punkte, jetzt knall ich sie, halbe Stunde, was gibt's dafür?«

»Haha, einen Punkt, trotz der ganzen Maloche.«

»Was ist, wenn ich im Minus bin? Wie kriege ich das weg?«

»Ganz einfach, du hast einen Minuspunkt bekommen, zum Beispiel Klodeckel oben gelassen oder nicht bemerkt, dass sie beim Friseur war, oder Duschwände nicht ordentlich abgezogen, dann einmal über den Kopf streicheln, Zungenkuss oder sagen, ich habe dich ganz dolle lieb. Schon bist du neutral, dann ein mal den Arsch getätschelt und du bist im Plus. Solange du immer mitrechnest im Kopf, ist alles top. Das ist das schwierigste bei dieser Sache.«

»Mann, ist das geil, da hätte man auch fast selber draufkommen können. Danke. Ich bin so gespannt. Magst du noch ein Bier?«

»Bitte und gerne auch gleich zwei. Deswegen sind also auch die Schaumschläger und Machos so erfolgreich. Die bauen denen keine Häuser, machen ihnen auch nicht wirklich wertvolle Geschenke. Die labern die einfach zu mit Liebesgesülze, Beziehungs-Science-Fiction und ihrer Schlecht-Fickerei, dann ist das bei den *Ladys* wie bei einem Flipper, wenn die Kugel zwischen zwei Säulen hin und her springt und der Counter vollläuft. Wie Hühner, wenn du ihnen den geschossenen Salat hinwirfst. Das Fass läuft über, wie das Bier vom Tisch, die kommen mit Zählen und addieren, denn da haben sie oft Schwächen, nicht mehr mit und es leckt, also es fängt an zu tropfen. Ab zehn Punkten sind die heiß. Laufen total aus, alles wird feucht. Am nächsten Tag labern die wieder die gleiche Scheiße und es geht von vorne los. Bis sie keinen Bock mehr haben, dann gehen sie zur nächsten.«

»Wie geil ist das. Ich bin so froh, dass ich das nun weiß. Werd's bei der nächsten gleich ausprobieren. Kloppe ihr Fass voll mit Komplimenten wie ein Maschinengewehr.«

Hans wischte das restliche Bier vom Tisch und leckte sich anschließend die linke Hand ab.

»Du wirst sehen, das flutscht nun bei dir und den Frauen wie der Champagnerkorken beim ersten Öffnen."

»Danke, Top Info. Du bist ein wahrer Kamerad. Zum Wohl.«

»Prost.«

Klong. Dong.

»Jim Knopf sage ich es nicht, denn es ist Führungswissen und der hat zu Hause Narrenfreiheit. Warum auch immer? Hast du mal ein Tuch?«

»So was gibt es auch. Aber du bist ab jetzt immer ein Gewinner. Mit der Masche bist du ab nun immer einen Schritt voraus. Es ist das ZEN der Beziehungsführung.«

»Ich fühle mich grade wie der g l ü ck l i c h s t e MANN der Welt.«

»Noch 'n Bier?«

»Hajo. Mach'n Herrengedeck.«

# Neulich beim Lesen mit Jörg

Kennst du Jörg Fauser?
*Ne!*
Der war ein cooler Typ.
Trug immer so siebziger-Jahre-Brillen.
Wie die Chips. Kennste doch die zwei Bike-Cops?

Auf alle Fälle schrieb der Jörg nur über Sachen
die er kannte.
Also was er selbst erlebt hatte, ungefähr halt.
Das ist bei mir ähnlich.
*Weiß.*
Ich selbst habe sein autobiografisches Werk
*Rohstoff* gelesen.
Deshalb kann ich darüber berichten.

Gibt aber nicht viel zu berichten.
Der Typ war ein Chaot, ein Junkie.
Er mochte die Menschen, aber das Establishment
nicht.

Wenn dich keiner kennt ist's egal.
*Dich kennt auf alle Fälle keiner.*
Wirst du aber erfolgreich und berühmt,
dann transformierst du automatisch
und bist plötzlich ein Teil davon.
Manche können das nicht glauben.
Aber irgendwann holt es dich ein, dann musste es
glauben.

Der Jörg hat sich an seinem Geburtstag,
nachdem er berühmter war,
überfahren lassen?

*Hmm ... Echt? Schätze, du hast recht
und noch ein langes Leben vor dir.*

# Kam mal ’ne Freundin zu Besuch

War eine *Ex’e* und schön wie eine Nixe.
Dann waren wir wieder zusammen.
Wir kochten, wanderten am Strand
und bumsten, was nur ging,
denn das klappte am meisten,
wir knüpften am Ende an.
Wärmten alles wieder auf.

Alles war toll und wir kochten nichts Neues,
und wanderten durchs Moor in Ribnitz.
Dann ölten wir uns ein.

Es wurde immer besser.
Wir bruzelten wie die Weltmeister,
und bummelten durch den Dünenwald.
Dann schworen wir uns ewige Treue,
wie immer.

Auf einmal wollte sie heiraten.
Dann ging die Luft raus – PENG
Dann ging Sie als meine neue
*Ex’e*, meine schöne blonde N i-x e.

Warum konnten wir nicht einfach nur
wandern und poppen und zufrieden sein?
Das Leben ist so unnötig kompliziert.

# Plastik

Ein indischer Ozean voller Plastik.
Flüsse voller Müll, Felder auch + Whg'en.

Wir fliegen zum Mond. Wir haben so viele
moon rockets wie noch nie. In Amerika
hat bald jeder eine im Garten und
ein iPhone im Ohr und Google als Gehirn.
Perfekt ausgestattet für Mission impossible.

Einmal sind die Müllberge so hoch wie die
Schuldenberge.

Plastik ist ein Naturprodukt, man macht es aus Öl.

Plastik ist der number-one-Stoff des
21. Jahrhunderts.
Plastik ist einfach überall.
*»Absolutamente necesario ...«*
Plastik bestimmt unser Leben.
Es gibt schon Menschen aus Plastik und
gedruckte Körperteile.

In meinen Adern zirkuliert Mikroplastik.
In meinem Gehirn denkt Mikroplastik mit.
Mein Herz ist aus Plastik,
der Vibrator meiner Freundin auch.

Bald wird mein Arsch auch Plastik sein.
Plaste ist geil!

## 1x musste ich meinen besten Freund killen.

Wir waren jung.
Ziemlich jung. Zu blutig.
Ich war naiv. Er auch. Ich wohl mehr.
Mein Vater besaß ’ne Knarre, lag unter seinem Nachttisch.
So ’nen Trommelrevolver mit sechs Schuss.
Kaliber 9 mm.

Mein bester Kumpel und ich diskutierten.
Er war ein Trennungskind. Arme Sau.
Lebte bei seiner Mutter. Seine Eltern hatten sich zerrissen.
Aber eigentlich war er ganz nett. Er konnte ja nix dafür.
Ein ruhiger Charakter. Lieber Kerl. Traumatisiert.
Unscheinbar, zurückhaltend, schwächlich.

Er war nicht meiner Meinung – heute.
Damals.
Ging mir auf die Nerven,
in dem Moment.
Da plante ich ’ne Scheinerschießung.
Holte mir den Revolver.
Machte die Trommel leer.

Ging rüber ins Kinderzimmer.
Zielte auf ihn. Drückte ab!
Friss dass! Glaubst du mir jetzt?

PENG, ein Wunder, wie ging das ab?
Hatte wohl ’ne Patrone übersehen.
Er fiel vom Drehstuhl wie ein Sack.
Alles war voller Qualm. Da lag er.
*Moneyshot* mitten in die Fresse, aber mit Blei-
Samen.

Mein bester Freund war gerade gestorben.
Es tat mir leid, er auch, aber es war zu spät.
Ein Versehen. Gottverdammt!

Ich flüchtete in den Wald,
aber einen Tag später hatten sie mich erwischt.

# Die Küchenshow Teil I

*Neulich las ich folgende Geschichte in einem Tagebuch, das ich auf dem Sperrmüll fand:*

Ich stand in der engen Küche und kochte. Das Ding war wie ein Schlauch. Auf der einen Seite die verdammte *frauenverachtende* Einbauküche und auf der anderen zwei Hochstühle und dazwischen ein kleiner kantiger Bistrotisch aus Holz.

Es sollte Curry geben, indisches mit Kokosmilch und nicht zu scharf, wegen meinem *Baby*. Gerade schälte ich eine Karotte mit dem Sparschäler. Ich war schon ganz hungrig. Meine Hände zitterten. Im Emailletopf blubberte leise die gelbe Currysoße vor sich hin. Da gab es ein Geräusch – ein Knacken und dann ein metallisches Rasseln. Es kam von der Türe. Sie wurde aufgeschlossen, mein heißes großes, langes und blondes *Baby* kam von der Arbeit nach Hause. Die Uhr an der Küchenwand zeigte 15 Minuten nach fünf. 17 Uhr war offiziell Ende. Die Eingangstüre ging auf, sie strahlte mich an. Ihre blauen Augen funkelten wie Sterne, kurz vor der Supernova.

Die Funken bei uns sprühten schon acht Jahre lang. Es wurde immer schlimmer wir glühten wie Eisen im Schmiedefeuer und zu oft kamen die Hammerschläge, die die Funken explodieren ließen. Es tat manchmal sehr weh. Freudig kam sie schnellen Schrittes zu mir rüber. Ich ließ alles liegen, die gelbe Karotte den vom Gemüsesaft rot tropfenden Sparschäler und mein Weinglas. Wir fielen uns wie Ausgehungerte um den Hals – dabei hatten wir uns heute morgen erst mit einem Quickie voneinander verabschiedet. Es gab feuchte Küsse, wie, wenn man versucht, am plätschernden Dorfbrunnen einen Schluck zu nehmen – der Kopf ist leicht geneigt, der Körper gebeugt, aber es gelingt einem nicht, den ganzen Schwall wegzusaufen, und die Tropfen an den Mundwinkeln folgen der Schwerkraft. Unsere Lippen drückten sich stürmisch und die Zungen leckten sich zuerst an den Spitzen, dann tiefer und glitten aneinander vorbei immer wieder. Wie Aale während der Paarung.

»Ich liebe dich!«

»Ich dich auch, *Baby*, das Essen ist bald fertig. Aber eine Nummer geht noch. Zieh dich aus und setz dich auf den Bistrostuhl.«

Die Schuhe flogen mit Schwung von den Füßen, durch den Küchenschlauch und nach draußen in den Flur. Dann glitt die Jeans sachte zu Boden, dann der Slip, etwas mitgenommen vom Arbeitskampf, dann kam die weiße Bluse dran, beim BH half ich. Der geile Arsch nahm auf dem hohen Stuhl Platz.

Ich küsste sie nochmal, zog dabei das linke Bein hoch und stellte es auf der Küchenarbeitsplatte ab. Wie beim Gynäkologen, nur besser. Mein

Schwanz drückte durch meine Hose. Ich küsste den Halsansatz, da, wo die Haut ganz weich ist, dann ihre Brüste – die Warzen stellten sich auf. Sie wurden ganz groß und fest, dann griff ich hinter mich und schnappte die Karotte.

»Hier, mein *Schatz,* mach's dir bisschen damit.«

Ein kurzer Blick zum Curry und ich stellte es vorsichtshalber etwas niedriger, denn es war nicht klar, wie lange die Koch-Show dauern würde. Ich drehte mich um und lehnte mich an die helle Arbeitsplatte. Sah ihr zu. Der Tempel schwebte knapp über dem Holzsitz, er war schon gut feucht, wie ein moosbewachsener Zen-Garten und die Lust, einfach einzutreten, riesengroß. Wie ein Stier, dachte ich. Den Garten mache ich unordentlich.

Die Karotte glitt durch die rosa Lippen rein und raus, öffnete und schloss sie leicht. Es war ein schönes Kaliber, die dickste aus dem ganzen Sack – Demeter-Qualität. Sie zog mich an sich. Neue Küsse.

»Du machst mich so geil«, sie griff mir in den Schritt, »dein Schwanz ist hart, zeig ihn mir.«

»Erst die Karotte, *Baby*.«

Sie zog die nasse Karotte schnell raus. Ich schnappte mir ein Messer. Dünne ovale, schräge, nicht zu dicke Scheiben, mit dem besten Gewürz der Welt, aufpassen auf den Daumen, flogen in den Kochtopf. Die roten Badeshorts wurden mir von fiebrigen Händen runtergerissen und landeten bei der Jeans und dem Slip auf dem Boden. Durch das Küchenfenster konnte man den Garten sehen. Die Sonne stand tief. Es fing an zu dämmern. Eine Nachbarin spielte mit ihrem Mops im Garten. Sie winkte freudig, wie sie mich durchs Fenster erblickte. Ich erwiderte – zum Glück war das Fensterbrett leicht über der Hüfte. Wäre mein Schwanz zwei Zentimeter länger gewesen, so hätte sie gesehen, dass er wild zuckt und dass das einem freudigen Winken oder wahlweise einer Demutsgeste, sehr nahe kam, oder äffte er mich nach? In der Souterrainwohnung waren die Temperaturen erträglich. Draußen waren es heute 34 Grad im Schatten.

»So ein geiler Schwanz.«

Sie kraulte meine Eier, drückte sie wie Billardkugeln, ich trank einen Schluck Rotwein, behielt den Rebensaft im Mund und küsste sie, entlud den Inhalt in ihr. Nochmal. Ein paar Tropfen gingen daneben und landeten auf ihren Brüsten.

»Ablecken …«

Es war das natürlichste der Welt. Meine Zunge umkreiste erst die eine Brust, den Nippel, sie war *nippelsüchtig*, dann die andere, dann ging sie tiefer. Ich küsste die Perle, drückte sie mit der Zunge, schob sie noch sanft hin und her, küsste die Lippen und gab dem Tempel einen tiefen Zungenkuss. Perle lecken empfand ich als magisch. Das konnte ich stundenlang – dann diese Ur-Töne dabei. Mir wurde schwarz vor Augen. Ich wollte meine Zunge so tief wie möglich reinstecken. Alles tropfte. Ein kleiner See war auf dem Holz entstanden. Ich leckte von oben nach unten, dann mal wieder nur die Perle, dann das komplette A-B-C, immer wieder, auch die Umlaute, jeder Buchstabe wurde leckend geschrieben. X und Y waren meine Spezialität. Mein Baby stöhnte angemessen. Die Zunge machte eine Pause, sie fühlte sich gerötet an und die Schneidezähne schmerzten vom Druck des Venushügels. Ein prüfender Blick zum Curry verriet, alles ist gut. Es läuft.

»Hier, ein Schluck Wein für dich.«

Ich nahm eine der schalenlosen, mittlerweile etwas trockenen Kartoffeln und rieb sie über ihre Pussy. Sie glänzte wieder, wie frisch geschält. Dann die nächste, bis alle durch waren. Sie landeten in Würfeln im Curry. Sie war eine tolerante und sehr experimentierfreudige Person. Während ich die nächste Kartoffel schnitt, drehte ich Baby den Rücken zu, mit dem kleinen Opinel Nr. 9 strich ich vor und zurück, genauso erging es meinem Schwanz – vor und zurück, immer wieder, damit er schön hart blieb. Bis die Arbeit erledigt war. Es ging weiter. Fast alle Zutaten waren nun drin. Ihre Zunge signalisierte Ungeduld. Es war an der Zeit, das Curry zu vollenden. Abzuschmecken. Noch etwas Pfeffer oder Salz? Ich prüfte nochmal die Lage, alles passte, glitschig und feucht, schleimig, ich klopfte mit meiner *Karotte* vorsichtig an der Tempeltür an. Ein leises Stöhnen, dann drückte ich ihn, ohne anzuhalten, tief rein. Ein irres Gefühl. Warm, weich, eng und anschmiegend. Er wurde *steinhart* wie das Schneidebrett aus Eichenholz. Ich musste aufpassen, sonst war alles gleich vorüber. Verdammter Schnellspritzer, fluchte mein innerer Richter! Erst langsam anfangen, vorsichtig ganz rausziehen und dann wieder reindrücken und dabei Zungenküsse, normale Küsse, laute Küsse und die Brüste kneten, an harten Nippeln saugen, Finger in den Po, streicheln und nettes Zeug labern. Rein, raus, rein, raus, rein, raus, Pause, lecken, dann wieder rein, raus, rein, raus, rein … es wird immer schwieriger. Das Curry wartete. Es blubbert sanft. Der Körper ist angespannt, alle Muskeln hart, irgendwo zittert was, wo blieb das Signal?

»Du bist so geil, Baby. Dein Tempel ist der Beste.«

Sie lächelte, dann sagte sie wie immer: »Fick mich, ja, gib's mir, lass deinen geilen Schwanz tanzen. Du fickst mich so gut. Hau mir das Ding rein, ganz tief … Ahhh … du Psycho.«

Der dirty Talk brachte mich auf die Palme. Es ging in einer Tour weiter. Wenn ich nicht aufpasste, wurde das doch noch eine schnelle Nummer – nichts sprach dagegen. Ihre Hände griffen meine

Eier und pressten sie wie eine Zitrone. Sie zog dran, wie am Gummi eines Weckglases beim ersten Öffnen.

Ihre Zunge war hart. Durch die Küsse und das Adrenalin keuchte ich: »Ich besorg's dir Baby, Oh Gott, wie geil, ich ficke dich, mein Schwanz gehört nur dir.«

Sie freute sich. Klopfte mir auf den Arsch. Das Curry blubberte im Hintergrund jetzt zu stark. Es brodelte ziemlich. Die kleine Küche lag im Nebel, wie ein türkisches Dampfbad. Ich stellte den Schalter der Kochplatte auf halb eins, das müsste jetzt passen. Das Signal kam – endlich dachte ich, so ein Moment, wo einer ins Horn bläst, wie bei der Kavallerie und alle wissen Sturmangriff, Leben oder Tod. Es ist nicht mehr weit. Ich erhöhte das Tempo.

»Ich komme gleich, Schatz, dann spritze ich in dich, ich kleistere dich voll, du bist so geil. Willst du meinen Saa-aft?«

Sie schlug mir fester auf den Arsch, richtig dolle, es klatschte und schmerzte, aber das trieb mich an, wie so ein verwundeter Stier in Spanien. Sie kniff mir in die Brust ich stöhnte vor Aua.

»Gib's mir, gib's mir, gib mir dein geiles Sperma, spritz ab, drück alles rein. Meine Pussy kocht. Lösch das Ding ab. Du bist so gut, dein Schwanz ist das geilste Teil, das ich kenne.«

»Oh Gott, ja, ich komme gleich, ja, ja, ich explodiere in dir, jetzt … Danke, liebes Universum!«, presste ich grade noch heraus bevor alle Muskeln erschlagen zu Boden sinken wollten. Ich hatte Kohldampf und Kontrollverlust.

Mein Schwanz zuckte und pumpte wie ein C-Schlauch der Feuerwehr alles raus. Wie auf einer Orangenplantage in Florida, wenn die Pflücker nach Gewicht bezahlt werden oder als wäre mein Schatz eine brennende Fritteuse und es gäbe was zu löschen – aber mit jedem Spritzer wurde die Lage nur schlimmer. Ich war erleichtert und glücklich. Ich umarmte mein Baby, damit ich nicht umfiel, alle Muskeln waren jetzt ziemlich locker. Wie nach einer Wellnessbehandlung oder einer Yoga-Session.

»Das hast du gut gemacht, hast mich schön gefickt, du geiles Stück. Mein *Psycho*.«

Mit etwas Gefummel holte ich eine weiße Tasse von der Ablage, zog meinen Schwanz vorsichtig zurück und hielt sie an den nassen Tempelausgang.«

»Pressen, komm Schatzi, drück's raus, gib die helle Soja-Soße her.«

Heller schöner Schleim und weißes dünnflüssiges Sperma landeten in der Tasse. Mit den Fingern schob ich die letzten Reste zusammen und streifte sie am Rand ab. Dann tauchte ich das Ding ins Curry.

»Jetzt wird's perfekt.«

Sie strahlte, zog mich her und küsste innig.

»Leck mich jetzt trocken, bitte.«

Ich ging in die Knie. Legte auch noch das rechte Bein auf der Küchenplatte ab. Diesmal bearbeitete ich gleich die Perle und steckte ihr einen Finger rein, sie stöhnte auf, streichelte meinen Kopf. Ich presste meinen Mund fester auf ihre Pussy. Meine Lippen brannten. Ich tauchte sie in den See, um sie zu beruhigen. Das Stöhnen wird lauter, zwei Finger rein, rausziehen, rein, rausziehen, innehalten, verweilen, weitermachen ... rein, drehen … reiben, Wiederholen.

»Du bist so geil Schatz, du schmeckst so gut, ich liebe dich.«

Die Impulse werden enger, das Stöhnen heftiger wie die Wellen eines Quasars und das war eine Pussy auch, ein schwarzes Loch, das alles verschlingen konnte, aber manchmal auch was ausspuckte. Physik paradox.

»Mach weiter, fester, schneller, gib's mir, nimm mehr Finger biiittte, steck die ganze Hand rein, ja du bist so geil, ich komme, Schatz …«

Der ganze Körper bäumte sich auf, wie ein Bogen während dem Schuss, um sich danach wieder zusammenzuziehen und heftig zu zittern wie bei starkem Lampenfieber. Fast wäre sie vom Stuhl gefallen. Ich hielt sie an der Hüfte fest. Ganz sanft und sachte leckte ich noch ein paarmal über alles drüber, es war jetzt sauber – so sauber, wie es halt ging, meine Zunge war halt kein Zewa, die Küche dreckig und wir standen mal auf. Meine Knie knirschten und knackten. Wir drückten uns. Das sind diese magischen Momente, wo das Leben und die Liebe perfekt scheinen. Zu kurz? Draußen war es jetzt dämmrig. Die Abendröte kam.

Das Curry hatte fertig geblubbert und schmeckte echt galaktisch. Diese Würze gelingt nur so. Wir aßen es mit einem breiten Grinsen im Gesicht, draußen im Garten. Die Nachbarin mit ihrem Mops, ein junggebliebener Single, bekam auch noch was ab, denn sie war ein großer Fan unserer Küche. Die Speisen hätten das Gewisse *Etwas* meinte sie immer. Es würde in ihr Erinnerungen wecken, aber sie wüsste noch nicht, nach was.

# Mutter

Was war nur mit Mutter los?
Immer war sie so wütend auf mich,
so zornig.
Warum schlägst du mich, ich bin doch ein Kind?
Ich kann dir nichts recht machen – Verstehe.
Es ist meine Schuld. Gut.
Ich will mich ändern – Versprochen!
Ehrenwort.

Aua, was? Keine negativen Gefühle zeigen, okay.
Geht klar. Fresse halten! Nicht kritisieren.
Kein Problem, ich liebe dich doch.
Gib mir Prügel, das gehört doch dazu,
wer sein Kind liebt, der schlägt zu.
Hab's kapiert. Ich bin schlecht.

Wer sein Kind mag, der brüllt es permanent an
und ändert ständig die Regeln,
damit es sich nicht einrichten kann.

Es fühlt sich gut an,
nicht aufrichtig geliebt zu werden,
man ist dann ständig in Bewegung oder
war das Nervosität, Angst, Unruhe?
Keine wahre Liebe zu spüren,
das macht einen hart fürs Leben.

Auch klammern ist toll,
nicht loslassen den Jungadler,
fliegen verboten.
Naturaleza extrema eh paradoja.

Du bist hässlich! Danke. Irre.
Du willst zerstören. Bitte.
Kannst doch mich zerstören.
Ich weiß es ja noch nicht besser.
Ich kann halt auch nichts richtig machen.
Bin kein guter Mensch. Tut mir sooo leid.

Du, ich *hasse* dich plötzlich nach fünfzig Jahren!

# Das Leben ist eine Discokugel

Mein Seelenklempner meinte mal bei einer meiner vielen Sitzungen, der Mensch besteht aus einer Hülle, seinem Bewusstsein und der Seele. Die Hülle sei eigentlich nichts als Wasser und fast wertlos, zumindest bei den meisten. Also denen, die keine Goldzähne haben oder so. Wobei eine Rolex am Handgelenk nicht mitzählen würde. Die Seele ist nicht greifbar. Darum könnte man da auch nicht viel ausrichten. Es bliebe also nur das Bewusstsein, mit dem wir arbeiten würden.

Mir leuchtete das zunächst ein. Aber dann wurde ich misstrauisch. Was sollte das sein, Bewusstsein?, fragte ich. Persönlichkeit, Temperament und Charakter, antwortete Dr. Sokrates. Das war nicht sein wirklicher Name, aber ich fand, er passte gut zu ihm, denn er konnte mich erkennen, meine Baustellen, was mir nicht so vergönnt war. Deshalb dachte ich, käme er Sokrates sehr nahe, denn der meinte ja auch immer, ERKENNE DICH SELBST!

Mir war das alles zu viel, darum suchte ich mir eine einfachere Betrachtungsweise und eine einleuchtende Erklärung. So kam ich auf die Discokugel. In meiner Jungend war die Discokugel das beste Gadget, was eine Musikschleuder bieten konnte. John Travolta zeigte allen, wie es geht. Laser und so gab's noch nicht. Das Licht wurde analog mit den vielen kleinen Spiegeln geteilt. Unser Leben ist wie diese runden sich drehenden

Dinger in den Tanzschuppen. Früher fand ich die nur t o l l, wenn sich das Licht in den kleinen quadratischen Spiegelchen brach und helle Strahlen durch das Dunkel oder den Nebel schleuderte. Tausendfach kreisten an der Wand, auf T-Shirts, in Gesichtern und auf allen Möbeln und Gegenständen die Lichtpunkte.

Unser Dasein ist also wie diese Glitzerteile, nur nicht so glamourös und schön anzusehen. Der Mensch kann doch eher nichts Gescheites. Tiere können fast alles besser. Sie sind auch schöner. Natürlicher. Passen viel besser in das Gesamtgefüge. Nur eine Sache, die hat der Mensch drauf.

*Er weiß um den am Anfang ferneren Tod.*

Im Kreis drehen wir uns eigentlich ständig, auch wegen der Erde, wir sind verdammt dazu, denn wir wissen nicht, wozu wir da sind, wir erhielten keinen Auftrag, zu Beginn unserer Reise und zumindest ich wurde überhaupt nicht gefragt, ob ich mitfahren will und wo ich auszusteigen pflege. Das mit dem Auschecken ist überhaupt das größte Problem. Wir könnten es jederzeit, manche tun das auch freiwillig, aber was kommt dann?

In der Regel bleiben alle sitzen und fahren bis zur Endstation, obwohl sie keine Ahnung haben, wo die liegt und ob es dort gefällt. Wie ein Fahrplan ohne Haltestellennamen ist unser Dasein. Als wären da nur schwarze Striche wie bei einer Skala. Strichcodes. Wird die Bahn morgen noch für dich fahren? Sitzt du dann immer noch drin? Steigst du hier und jetzt aus? Freiwillig oder gezwungen? Die Endlichkeit ist nicht für das Leben. Triffst du die einzige freie Entscheidung oder überlässt du es auch hier anderen.

Verstehe, aussteigen aus dem Lebensrad ist schwer. Eigentlich nicht vorgesehen. Keine angebotene Option. Aber während der Fahrt halten wir die Kugel schön hoch, damit alle es sehen können, denn es ist Discotime, und zwar ständig. *Saturday Night Fever*. Nur leider strahlt bei uns nicht jedes Steinchen, nicht jeder kleine Spiegel ist staubfrei und sauber. Das wären dann unsere Defekte, unsere Störungen und Mängel. Die Strudel im Lebensfluss. Die gelben Schaumkronen. Das brackige Achterwasser. Viele überkommt plötzlich der Putzzwang und sie wollen, dass jedes Mosaikstück glänzt und das Licht schön reflektiert. Aber so leicht macht es uns das Universum nicht, denn es hat andere Regeln. Wir können sie nur erahnen. Wie bei jeder Tombola auf der Kirmes oder in der Lotterie gibt es nichts Gescheites, nur Ramsch bzw. die besten Stücke sind schon weg. Das Leben hat nur einen ersten Platz zu vergeben und da steht schätzungsweise schon *Gott oder Bezos*. Breitbeinig und grinsend. Blickt auf uns wie auf einen Ameisenhaufen. Schätzungsweise ist ihm nicht klar, was wir da treiben. Nicht weil er es nicht erkennt, sondern weil er uns für verrückt hält.

Was, WAS? Im Theater gibt es auch nur begrenzt Logenplätze. Die ganze Putzerei bringt überhaupt nichts. Aufhören! Sie macht nur müde, kostet wichtige Lebenszeit, denn unsere Discokugel hat noch so ein eingebautes Handicap, so einen Zombie-Modus wie bei *Doom*. Denn die verdammten Spiegelchen an der Discokugel werden von ganz alleine wieder stumpf, staubig und es ist unmöglich, alle sauber zu halten.

Das ist unfair und gemein. Nur einer dürfte eine REINE Mosaikspiegelkugel haben und der gibt sie nicht her. Wir anderen müssen einen Trick anwenden. Die meisten sind permanent am wienern und merken überhaupt nicht, dass auf der anderen Seite wieder ein kleines quadratisches Spiegelchen dunkel geworden ist. Sie wollen es nicht wahrhaben. Ignorieren. Leugnen. Ausblenden – Verblendung.

Manche bemerken irgendwann das Dilemma, erkennen, dass sie wie Sisyphos agieren und dass das nie was wird. Also STOP. So können sie ihr Ziel nie erreichen und da fangen die das Cheaten an. Das ist natürlich immer möglich, aber die Abrechnung erfolgt dann beim Auschecken, an der Endhaltestelle und das wird unangenehm. STRAFE muss sein.

Das einfachste, was zu tun ist, das runde Ding so zu akzeptieren, wie es nun halt mal ist. Aus, die Maus!

Das Beste wäre zu erkennen, dass wir nur eine begrenzte Anzahl Steinchen sauber halten können und der Trick besteht darin, die beste KOMBI zu finden. Wie beim Mühle spielen, nach neun Steinen ist Schluss … und? Reicht doch auch. Es gibt Begrenzung. Aber ab drei darf man springen und am allerbesten ist die Zwickmühle oder Doppelmühle. BINGO.

# Tränenrad

Morgens steige ich auf mein Rad.
Es ist immer etwas anders.
Mal ist es Sommer, mal Winter.
Regen oder Schnee und Sonne
oder so, so oder so oder anders. So halt!
Auch Wind.

Ich liebe das Rad fahren.
Bewegung an der frischen Luft.
Geliebtes vertrautes Rad.
Du hältst mich sportlich, machst mich fit.
Lässt mich mal mehr und
mal weniger sanft über die Welt gleiten.

Wenn ich dich ganz schnell trete
und aus dem Sattel gehe,
im Stand alles gebe,
und der Wind mir um die Ohren tanzt,
dann bin ich ein Teil von dir, meine geliebte
Natur.
Mein Naturell?

Bitte hilf mir noch lang,
liebe mich noch jahrzehntelang.
Wenn ich dann so schwebe, in der Luft,
durch den Feinstaub meiner Stadt,
dann wird es mir bewusst,
wie einzigartig und wertvoll dieser Moment doch
ist

und dass unser Dasein wie eine Radspeiche ist.

Leben pur, total präsent,
so undurchdringlich wie das dunkelste, tiefste
Meer
oder die Dünen der Sahara.
Die Lunge pfeift, der Asphalt
schmilzt in der Sonne,
die Bäume brennen, die SUVs stinken
und verlorene Strahler blinken im Dreck.
Ein einzigartiger Genuss, nur für mein Glück.
Da werden meine Augen nass.
Wie soll man auch reagieren,
auf solch ein Geschenk.

Mein Rad wird zum Tränenrad.
Ich trete schneller
und schneller, so fest ich nur kann.
Doch dann kommt irgendwann,
von ganz tief unten,
die Erschöpfung hoch.

Ich kann nicht mehr, zu viel Dreck,
der Mist kommt zurück,
zu wenig Akku-Power,
bin doch nur ein schwaches Erdenkind.
Du lässt mich wieder los.
Der Alltag greift nach mir.
Die Tränen sind getrocknet.
Morgen, wenn ich ausgeruht bin,
will ich's wieder versuchen.

Dich mit mir zu verschmelzen,
paar Sekunden nur, das reicht,
als wären wir aus einem Guss
und im gleichen Fluss.

## Mord an dir selbst

Mein Leben ist ein wunderbarer Traum,
so schön erfolgreich,
und doch leider *Albtraum*. Wie auch?

Lieber Gott,
was hast du mir nur für Einblicke
– in das Leben erlaubt. No thanks
und trotzdem DANKE.

Lieber Gott,
was hast du mir für Sensoren
– auf meinem Weg mitgegeben
und was für Synapsen freigeschaltet?

Lieber Gott,
wie kannst du einen Menschen
– so tief fühlen lassen
und denkst, das ist auszuhalten?

Vater, geliebte Väter, Mutter,
warum habt ihr mir keinen Weg gezeigt
– warum finde ich keinen Pfad
und warum gibt es so viele Kreuzungen?

Mein Bauch gibt mir die Antwort,
ich habe keine andere Lösung erkannt,
warum auch nicht,
du hast uns die Fähigkeit dazu gegeben?
Oder willst du mich nicht haben?

Ich bin Würde; ein Wunder, ein Hasardeur
auch kalt ... ok,
dann ist Friede. Amen.

(Abb.2)

## Liebe mit Narziss-en

Lieber einen Tag mit dir,
als tausend ohne dir.
Ich liebe mir.

## Leben

Was bisher war,
das bleibt für immer.

Kann uns keiner mehr nehmen.

Was noch kommt, ist unglaublich,
so war's noch nie, merci.

## Ein Stück vom Glück

Das große Glück gibt's nicht,
auch das kleine bleibt nicht lang,
aber Glückskuchen den gibt's oft,
nimm dir ein Stück davon
und genieße den flüchtigen Moment.

## Was geht (nicht)?

Ich möchte einfach mal innehalten.
Mal zur Ruhe kommen.
Stillstehen, einfrieren.
Aber wie?

Ich möchte ein einfaches Leben.
Natürlich, natürliche Natürlichkeit,
am natürlichsten dem einfachen
ganz nah – Natur pur.
Ein guter Mensch sein,
Nach buddhistischen Werten leben,
ohne verd… Scheinheiligkeit.
Was kann daran falsch sein?

*Weil du dann ein Einzelgänger bist, und jeder sieht es. Das ist als ob du bei den Pinguinen am Südpol, wenn sie alle zusammen stehen um sich vor dem Eissturm zu schützen, wegläufst. Jeder sieht es und denkt. Der ist doch irre.*

Ich muss zur Ruhe kommen.
Alles soll weg. Einsamkeit soll hier her.
Ins Leben und mein Herz.
Keine Ablenkung. Meditation + Reflektion ultra.
Ich brauche nicht viel.
Nur STILLE – absolutamente necesario.
Ich will zurück ins echte Leben – absolutamente necesario
Nicht digitale Logarithmen.

Ich muss wissen, was meine Berufung ist?
*ER* muss mir helfen und mir eine Antwort geben.
Dazu bist du verpflichtet oder nicht?

Ich höre auf meinen Körper.
Ich will seine Signale achten.
Jetzt ist Schluss.
Ende, das wars. Mir reichts.
Verf… Mensch-Maschine.
Was ich aus meinem Innersten tue, IST richtig.
Ein Wagnis muss her.
Abenteuerreise – Bingo,
hätte ich schon eher mal drauf kommen können.
Depp, du. Ist doch so einfach.

# Finale

Ich wache in einem Endspiel auf
(sueño espantoso)
Laufen, was mein Körper hergibt – Vollgas.
Ständig Fouls von allen Seiten.
Überlebensmodus aktiviert.

Ich gehe schon Jahre über mein Limit.
Am Spielende gibt es für mich leider nie einen
Pokal,
kein Preisgeld, keinen Sieg, das ist sicher.
Das war schon immer so. Ständig la final.

Ich habe alles gegeben, voller Einsatz
Bei jedem Endspiel. Oft war ich verletzt,
musste Wochen, sogar monatelang pausieren.
Kein noch so harter Tritt konnte mich
letztendlich stoppen. Ich kam immer wieder auf
den Platz zurück. Wie ein Phönix.

Ich weiß, das Spiel ist aus, zumindest für
mich. Nach ein paar erfolglosen Jahrzehnten,
wird die Luft dünn. Verzockt.
Der liebe Gott zieht dich langsam auf die
Ersatzbank.
Irgendwann lässt er dich dann nicht mehr
mitspielen.

Du bist raus. Fin.

Abpfiff ... Ende aus, Mickymaus.

Ich schaue mich um, der Platz ist leer,
die Ränge schwarz.
Das Flutlicht leuchtet durch mich.
Der Rasenduft weht die Träume von
meinem Gesicht.
Mein Körper sieht aus wie ein Busch
in der Wüste.
Ich bin nichts, zu nichts geworden ein Leben lang.
Wie erbärmlich ist der Mensch?
Warte darauf, dass ES mich an der
Hand nimmt und wegführt.
Schmeiß mich raus Arschloch, Verein!
Kündigung wegen MHD.

Dann endlich möchte ich, einfach mal, innehalten.
El silencio.
Schalt endlich das Flutlicht ab.
Mir reichts. Ich hab genug. Das Fass ist voll.
Ich brauche nichts mehr, weil es in Wirklichkeit
nie einen Pokal gibt.

## Wie mich die Maden überholten

Aus irgendeinem verdammten Scheiß Grund landete ich bei den Leichen. Ich hatte eigentlich gar keinen Bock da drauf, aber die beschissenen Hurensöhne ließen mir keine Chance und tatsächlich gab es auch nichts auszuwählen damals.

»Sie wollen die Abteilung verlassen«, raunte mich el presidente an. »Wir haben aber grade nix frei und überhaupt, habe ich nichts Gutes über Sie gehört.«

Der Typ nervte mich an, ein Lackaffe in einem Anzug, der ihm wie eine zweite Haut saß und borniert wie ein *Nazi*. Ein Menschenschleifer. Ich wusste sofort, eine falsche Bewegung und du landest im Gulag. Ein *Schnipper* von dem und du bist für immer weg. Aber vorher würde ich ihm noch richtig eins in die Fresse hauen. Bruce Lee schickte mit nur einem Kick seine Gegner ins Nirwana. Da saß er in seinem großen Turmzimmer im Präsidium *Monnem*. Was wusste der schon von mir? Aber für ihn war ich wohl nur eine Nummer, die gerade Stress machte, weil sie die Stelle wechseln wollte. Weil ich gestresst war. Müde. Arschloch. Ich bin ein Mensch. Nicht dein Werkzeug. Ich brauchte mal etwas Erholung. Ich war am Durchdrehen. Was will man in so einer Situation machen, wenn der große Capo dich klein macht, dein Ego zerstört, nur mit einem Blick. Beleidigt. Dieser hombre-lobo. Auf dir rum trampelt. NIX. Er kanns halt, weil er oben ist, der verdammte

Schlippsträger und hässlich war er auch noch. Hakennase. Glatze. Fette Warze auf der rechten Wange. Krummer Rücken.

Die ganze Führungsscheiße und dem sein verbeultes gemeines Gehabe gingen mich nichts an. Ich blieb stur.

»Brauch mal etwas Abwechslung«, gab ich trocken zurück. Wiederholte immer das Gleiche. Wie bei einem Mantra nur mit neuen Wörtern und anderer Betonung. Das funktionierte meistens. Auch auf der Straße. Die Chefs waren dann irgendwann genervt, die haben nie viel Zeit oder dachten, der hat sie doch nicht mehr alle im Schrank.

»Ich hab's jetzt gehört«, meinte el presidente dann irgendwann und gabs auf, »werde sehen, was geht, aber die guten Jobs sind grade alle besetzt.«

Das war mir schon klar. Es gab nur noch die Ladenhüter. Wie bei der Partnerwahl Ü40. Da findet sich auch nur noch angeschlagenes Porzellan oder bei einem alten Standklosett, das wird nie mehr wirklich sauber. Aber das juckte mich nicht, denn ich mogelte mich überall durch und sicherte mir die größtmögliche Freiheit. Im Umkehrschluss bedeutete das, dass mein Lohn, mit jeder Stunde, die ich gammelte, stieg. So schaffte ich mir meine eigenen Lohnerhöhungen. Du Wixer! Misanthrop im Anzug mit hässlichem Schlipps. Du hast ein *Faschisten*-Gehirn! So viel Mitgefühl wie PP von den Roten Khmer. Ok, schätzungsweise war das doch bisschen übers Ziel hinausgeschossen. Aber ich war genervt von diesen Nieten in Nadelstreifen. Etwas Menschenverachtendes ging von dieser Type aus. Mitarbeiter schienen für ihn keine Menschen wie er selbst, sondern etwas unter ihm angesiedeltes zu sein. Etwa so, wie wenn man sich einen Wald-Ameisenhaufen beim Wandern betrachtet.

Ein paar Monate später wurde ich versetzt. Aus heiterem Himmel. Ein letzter Anruf von el presidente, kurz vorm Mittagstisch, kein Hallo, nur eine doofe Frage: »Haben Sie Angst vor dem KDD?«

Nö, dachte ich laut. Es kam knüppeldick, irgendwie hatte ich das Gefühl, der Affe im Anzug hatte doch Oberwasser behalten. Schätzungsweise konnte er auch noch Gedanken lesen. Deshalb waren solche Arschlöcher wohl Capo. Höchstwahrscheinlich war er auch einfach nur ein Fiesling, danach ausgewählt, und bekam irgendeine Spezialwaffe, um die Angestellten zu durchleuchten. Hörte er meinen Amtsapparat ab? Wäre nicht das erste *geklemmte* Diensttelefon. Der neue Job fühlte sich an, als würde meine Freundin mich den ganzen Tag *fisten.* Die hatten mich an die Front abkommandiert, vom heimeligen Schreibtisch zur Leichensachbearbeitung. Sie wollten mir damit wohl sagen, wer's nicht zu schätzen weiß, der kriegt halt den Abfall, den Dreck, den Bodensatz der Gesellschaft, in diesem Fall den Müll, den niemand sehen wollte. Das Versteckte. Geheime. Von der ersten Sekunde an gabs Tote. Schon nach meiner zweiten extrem kalten Leiche hatte ich die

Schnauze gestrichen voll. Damals ging es nach Kirschgartshausen. Ein großes altes Mehrparteien-Objekt. Ganz oben unterm Dach waren so Pennerwohnungen. Sehr einfache Teile. Zellen.

Ein Zimmer, Küche und Bad, wobei sich die minimalistische Kombüse im offenen Zimmer befand. Nur das Bad hatte einen separaten Eingang. Die Feuerwehr und der Amtsarzt waren schon lange weg. Sie hatten die Eingangstüre erst aufgerammt und dann notdürftig verschlossen. Wir waren spät dran, denn wir hatten noch eine Kinderleiche davor gehabt. Das arme Kind. Die Eltern konnten nicht mal sprechen. Nur der Vater fand ab und zu einen Satz. Was für ein Schicksalsschlag. Es war Heiligabend. Meine Petersilie war schon ziemlich verhagelt.

Mitternacht war lange vorbei, wie wir vor der Türe ankamen. Dahinter wartete also die nächste Leiche. Wir machten das rote Siegel der *Pinguinarmee* weg und drückten die Türe einfach ein. Dann war es plötzlich wie in einem Stephen-King-Film nur in echt und als B-Movie. Es war einfach schlecht gemacht. Kitschig und zu real. Licht gab es keines, aber die aufgeschlagene Türe ließ etwas Flurlicht in das kleine Zimmer. Es gab links das Bad, dann immer noch links im Zimmer in einer kleinen Nische, die Kombüse, ein Fenster an der gegenüberliegenden Wand, dass die dunkle Nacht zeigte, und rechts eine Schrankwand, im Gelsenkirchener Barock, Eiche, mit TV. Mitten im Raum stand ein Schlafsofa, darauf saß eine Person.

Blickrichtung Mattscheibe. Über ihm baumelte eine einfach Baufassung mit Birne. Die Glotze war eingeschaltet, aber ohne Saft, genauso tot. Alles in dieser Wohnung war mausetot, irgendwie und nicht. Wahrscheinlich lebte der Kühlschrank. Der Kerl wirkte recht groß. Leider war er auch unnatürlich abgemagert und Teile des Brustkorbes lagen frei.

Die Maglite leuchtete gerade durch ihn hindurch, so wenig war noch von ihm übrig. Wie Röntgenstrahlung. Ein Gerippe. BMI tödlich negativ.

Man konnte grade durch die Rippenbögen das Muster der Couch erkennen. Dünne und dickere bunte Streifen. Für mich war jetzt schon klar, tot durch GLOTZEN. Dann monatelang während des Sommers das Licht, den Kühlschrank und die Kiste nicht ausgemacht und die Rechnungen nicht bezahlt, dann wurde der Strom abgestellt. Die Mahnungen stapelten sich auf dem Boden hinter der Türe. Was wäre als nächstes passiert? Wahrscheinlich Wohnungskündigung und ab mit dem Kerl auf den Müll. Bis dahin wäre er ein ganzes Skelett geworden. Hätte noch für die Medizinische Fakultät gereicht. Sozusagen eine zweite Karriere.

Es war eine meiner ersten Leichen. Damals. Ich hatte gerade begonnen. Der Kerl war locker schon zwei Monate tot. Anhand des letzten geöffneten Briefes konnte man das immer gut eingrenzen. Warum wurde eigentlich die Polizei gerufen? Hatte ihn jemand nach Monaten vermisst? War es wegen der Fliegen? Dem bestialischen Geruch? Meinen Hunden machte Aasgeruch nichts aus. Im Gegenteil, viele wälzten sich darin. Das lag mir fern. Verwesungsgeruch ist etwas Einzigartiges. Ein Ekelwunder. Wer wollte bei Wundern schon NEIN sagen. Der TOD hatte einen unverwechselbaren Duft geschaffen. Es gab nichts Krasseres! Hier eine ziemlich gammlige, erbärmlich stinkende Version. Die Nasenwände zogen sich zusammen wie beim Koksen und die Lungen verschluckten sich wie bei Salmiakdampf und sprangen unkontrolliert, als wäre ich in einem Sackhüpfwettbewerb. Es gab nur noch Rumpfatmung. Flaches Hecheln. Am liebsten hätte ich die Tür wieder versiegelt und wäre nach unten auf die Straße gegangen, zum Kotzen und Rauchen. Aber leider hatte ich die Arschkarte gezogen und durfte die Leichenschau durchführen, während meine Partnerin sich um das kaputte Türschloss kümmerte. Wir wollten Zeit und den Schlüsseldienst sparen. Wir mussten jetzt noch zwei Leichenvermerke basteln mit Lichtbildmappen usw. und das dauerte und die Nacht war schon fast rum und der erlösende Feierabend, der einen aus dieser Hölle rausbrachte, war nah, wenn es auch wahrscheinlich schien, dass es nach zwölf Stunden Schicht noch die eine oder andere Überstunde geben würde.

Etwas war speziell an diesem Toten. Ich kam nicht gleich drauf, aber wie die Tür ins zerschossene Schloss fiel und meine Kollegin rief: »Sie geht nicht wieder auf sorry«, kam die Wahrheit immer näher gekrochen.

War es der süße, schwere Geruch, der in der Luft lag? Fast hätte man die Luft essen wollen, aber da war noch dieser tiefe beisende Gestank, wie ein nasser, stinkender Furz, der über einen schimmligen Harzer Käse rutscht, der in einem dreckigen Hafenpier treibt, direkt neben einem Stück Scheiße und einem benutzten Kondom. Nein!

Da wurde es mir klarer. In fast stockdunkler Nacht mit dem Skelett zusammen in einem Hasenstall abhängen und nicht trauen, mich zu bewegen, weil ich nicht im Leichenwasser baden wollte, das den Boden sanft bedeckte, und in allen möglichen Farben schillerte, wie der Rappensee in den Alpen, da hörte ich so ein Geräusch. Schmatzen. Es stimmte schlechthin gar nicht, denn es waren bei genauem Hinhören viele Geräusche. Es kam mir bekannt vor.

Damals, als ich mit meiner Tochter an einem schönen Sommertag nach einem steilen Aufstieg im Rappensee badete und die vielen kleinen Putzerfische kamen und an unseren Füßen knabberten, mussten wir lachen.

Ein vorbeifahrendes Auto auf der Straße unten, spendete etwas Licht, das von der Decke reflektierte, schemenhaft tauchte es das Zimmer in Grautöne und ich stellte erleichtert fest, dass mein neuer Kumpel noch so steif dasaß wie immer und nicht zum Zombie-Mann mutiert war.

Zuletzt hatte ich dieses Geräusch bei einem Ameisenhaufen so wahrgenommen.

»Hab's gleich … knack, kling …«, rief Simone auf dem Flur.

Mir wurde es jetzt bewusst. Illuminatio. Der Atem stockte. Ich spürte Panik und Entsetzen. An meinen Beinen kribbelte es. Tausende von weißen niedlichen, unschuldigen Maden wanderten ausdauernd und in einer großen Kraftanstrengung wie der erste Marathonläufer zu mir auf der Suche nach Frischfleisch, Nachschub. Kannibalismus extrem.

Es klang wie ein schmatzen. Tausende von kleinen Mündern freuten sich wohl schon auf diesen Nachschub. Sie liebten mich? Ich musste verschwinden. Die schrottreife Eingangstüre warf einen kleinen Lichtstreifen wie bei einem Kopiervorgang auf den Boden bei den Mahnungen. Ich rannte los und schrie panisch: »So eine verdammte Scheiße, geh weg, ich muss hier raus!« In zwei Sätzen war ich an der Schwelle und drückte mit aller Kraft dagegen. Die Tür sträubte sich. Ich schob stärker mit meiner ganzen Masse. Plötzlich sprang sie auf und ich flog raus. Bums. Wie eine zuvor gespannte Feder. Rums. Zu viel Schwung. Das Gleichgewicht war dahin. Das Trägheitsgesetzt hatte mich erwischt. Simone stand verdutzt im Weg. Sie hatte zum Glück einen Schritt zurück, aber leider keinen zur Seite gemacht. Ich knallte auf sie drauf, zum Glück nicht in die Maden – meine Hände landeten auf den weichen

Brüsten meiner Streifenpartnerin. Ihr Blick sprach Bände. Jetzt schob ich sie mit ihren Kugeln abrupt nach hinten, auch sie musste Galileo Galilei zustimmen und fiel rückwärts auf einer imaginären schiefen Ebene Richtung Erde oder besser Flur. Wir drehten uns etwas im Fallen, damit wir nicht auf ihrem Rücken landeten. Hoffentlich wird sie mir den sexuellen Übergriff verzeihen, dachte ich damals. Simones Airbags fingen mich sanft auf. Ich wollte Contenance bewahren. Irgendwie. Haltung. Leicht seitlich fielen wir auf den harten Gang. Mein Kopf vergrub sich in Fettwolken. Ich hätte so liegen bleiben wollen, abschalten, erstmal beruhigen und alles vergessen, ein paar Minuten durchatmen.

Simones Augen sahen mich an, aber ich erwiderte ihren Blick nicht. Es war mir peinlich. Ich drehte mich schnell um, rückte ab, schaffte die nötige professionelle Distanz wieder zwischen uns. Jetzt war das Zimmer vom Ganglicht gut beleuchtet. Da saß Fred oder wie immer der hieß, fast konnte man sich das Grinsen vorstellen und ein weißer breiter Fluss bewegte sich schnell auf uns zu. Es war total irre. Fred musste richtig geiles Fleisch gehabt haben, denn so viele weiße Sprintermaden bekam ich nie wieder zu Gesicht. In meinem Abschluss-Bericht kam ich zu der Erkenntnis, dass Fred beim langweiligsten aller Länderspiele, Albanien – Deutschland verstorben sein musste. Geiler Abgang. Erschreckend im Nachgang. Sport ist Mord, meinte schon Churchill.

Nach vier Jahren war mein *Arschloch* dermaßen ausgeleiert, dass ich die Abteilung erneut wechselte. Es wurde nicht besser. Wie immer im Leben.

# Am Ende des Tunnels wird das Licht immer kleiner

Die Menschheit sitzt in einem Schnellzug.
Sie rast mit irrer Geschwindigkeit auf den
Abgrund zu.
Das Ende. Nö. Mit Sicherheit nicht.
Die meisten sind teilnahmslos?
Einige wenige wollen die Notbremse ziehen.
Die Mehrheit schweigt, wie immer.

Manche werden wahnsinnig,
weil sie glauben, erkannt zu haben,
dass dieses Verhalten in den Untergang führt.
Diese Haltung macht manch anderen wahnsinnig.
Warum eigentlich?
Was sollte am Untergang auszusetzen sein!
Platon wusste das schon besser,
ohne Internet.
Manchmal beschleicht mich das Gefühl,
wir werden immer dümmer.

Seit Erfindung der Uhr kann der Mensch die
Zeiten bestimmen.
Davor bestimmten Tag und Nacht,
Sonnenaufgang und -untergang,
Jahreszeiten und Regen und Schnee,
und der Verstand die Abläufe.

Vor einigen Jahren erkannte der Mensch sogar,
dass die Zeit relativ ist. Jetzt war's ganz aus.

Jetzt kann sie gedehnt und gekürzt,
gestreckt und gelöscht
oder geändert werden. Es gibt sie auch digital
und rückwärts und so!

Was für eine grandiose Scheiße.

Die Menschen sind der normalen Zeit entrückt.
Wie Diebe versuchen sie sich immer mehr Zeit zu
stehlen.
Die Mehrheit glaubt echt daran.
Transhumanismus ist total in. Ich scheiß drauf.
Viele werden immer älter, haben immer mehr
Lebenszeit, mit der sie nichts anfangen können
und/als in Depression verfallen.
Die Programme und Algorithmen
schenken uns zusätzliche Zeitfenster,
erzählen die Macher.

Der technologische Fortschritt macht uns
glücklich.
Nie mehr Handwäsche,
nie mehr Geschirrspülen,
nie mehr Autoputzen,
nie mehr Rasen mähen,
nie mehr analog sein,
nie mehr sterben,
nie mehr Zecken haben,
nie mehr einbalsamieren müssen,
nie mehr kochen,
nie mehr richtig krank sein,

nie mehr echtes Kochen,
nie mehr Gartenarbeit,
nie mehr echten Sex,
nie mehr Ennui,
nie mehr Drogen,
nie mehr ungesunder grüner Wackelpudding,
mit Schweinegelatine,
nie mehr Altersfalten,
nie mehr Tante-Emma-Laden,
nie mehr Wagnis,
nie mehr Unfälle,
nie mehr Unglücke,
nie mehr unterversichert,
nie mehr selbst Auto fahren,
nie mehr echte Küsse,
nie mehr falsche Küsse,
nie mehr Sahnetorte,
nie mehr mit Karte navigieren,
nie mehr eklige Autobahn Toiletten,
nie mehr Analsex (verd.),
nie mehr keine Antwort wissen,
nie mehr dreckiges Bargeld,
nie mehr Müll,
nie mehr Steuererklärungen,
nie mehr sparen müssen,
nie mehr arbeiten,
nie mehr Moskitos,
nie mehr Sonnenbrand,
nie mehr eine eigene Meinung,
nie mehr weiße Rosen,
nie mehr im Regen pfeifen,

nie mehr zu wenig Zeit haben
und nie mehr würdelos leben dürfen.
Immer mehr shoppen und präsentieren.

Yippiyippieyeayea …

Es gibt viel zu tun. Die moderne Arbeit verlangt
viel Einsatz.
Der Lohn ist gering, ganz sicher gibt es Penalty.
Das Pensum ist nicht zu schaffen.
Der S I N N liegt im U N-S I N N.
Die MENSCHEN
haben inmitten
der vielen gewonnenen
Zeitersparnis-Verlockungen,
keine Zeit mehr für ACHTSAMKEIT.
Der Zeitgewinn, der Raubbau hat seinen Preis,
die Rückseite der Medaille ist der Wahnsinn.

Moderne Sklaven führen ein fiktiv gutes Leben.
Nie mehr ECHTES-LEBEN
Die Menschen sind Teil einer
großen Terrakotta-Armee geworden.
Sie dienen höheren Werten?
DIE NATUR IST RAUS!
Die Menschen haben sich dank Zeitmanagement
von ihr entkoppelt.

Der Zug rast durch den dunklen Tunnel,
vorbei am Notausgangsschild Nr. 42 und
das Licht von Ra (am Tunnelausgang)

wird immer kleiner.
Am Horizont kann man bei gutem Wetter
schon die Klippen riechen.

Es gibt wohl keinen S T O P mehr.
Das Ende wird schnell kommen,
wie ein Blitz (Rayo-Atómico) – das ist gut.
Dann kreische ich wie in der Achterbahn.

# Wirf dein Leben weg

Ein langjähriger Freund
hat es so
gemacht.
Etwas unbewusst,
am Anfang,
aber dann …
Er sah gut aus, sehr gut,
wie Richard Gere in *Atemlos*,
joggte viel schneller als ich,
war lebenslustig.
Ein wahrer Hedonist,
dem die Frau mit Kind davonlief.
Es war grausam.
Sie demütigte ihn mit einem Fremden.

Das brach
meinem Freund
das Herz.
Seither trinkt
er
und
raucht Kette. Alle Schranken brachen.
Sport macht
er nicht mehr,
spielt jetzt
Poker.
Seit zwei Jahren
arbeitet
er auch

nix.
Morgens steht
er nicht
mehr auf
und abends
geht
er
nicht ins Bett.
Glotze
läuft
im Marathonmodus.
Die Post
bleibt ungeöffnet und
die Wohnung
wird zum
Dschungel.
Die Natur
kommt
bei ihm zurück. Purer hedonismo.

Er ist ein
guter Kerl,
aber er war zu weich
für die
Liebe.
Eine
schlechte
Erfahrung
und
er
schmiss sein Leben weg.

Ein Trauma
und
er
ließ alles ziehen.
Er hatte
das Recht
dazu,
weil
er
es konnte.

Aber beim Spazieren gehen,
erklärt er mir immer,
dass es ihn frustet,
wie sehr er abgestürzt ist.
Die ständige Fiesta macht ihm keinen Spaß.
Aber für ihn gibt es keine
Hoffnung mehr – leider.

# Wie Jeannie das Herz brach

Ich war mal wieder Single.
Ein Kumpel gab mir die Nummer von einer Blondine
Und meinte, die bräuchte meine Hilfe.
Sie wollte aussteigen und wüsste nicht wie.

Als Aussteigerberater wurde ich immer beliebter.

Wir telefonierten
und hatten gleich einen guten Draht.
Dann telefonierten wir immer häufiger
und schrieben uns.
Sie war total irre
und das passte prima zu meinem Wahnsinn.

Ich hatte als Beispiel einen Zählzwang
und sie einen Waschzwang.
Ich konnte nicht ohne Rauchmelder schlafen
und sie musste im Dunkeln duschen.
Sie hing ständig bei Ärzten ab,
und ich ging nie hin.
Sie hörte Stimmen,
ich redete.
Ich wixte am liebsten
und sie auch.
Ich mochte gerne Cybersex
und sie echten.

Sie war Single, schon sechs Jahre.

Das fand ich zu hart.
Sie tat mir leid. Ich witterte Betrug.
So lange ohne Partner
durchs Leben gehen ist ungesund.

Aber ihre Verrücktheit
war einfach hart am Limit.
Sie hörte immer diese inneren Stimmen,
die ihr alles Mögliche erklärten,
und sah ständig weiße Mäuse.

Meine Erfahrung sagte mir,
mit den Irren hattest du bisher den
besten Sex.

Ich wollte ihr unbedingt helfen.
Den gordischen Knoten lösen.
Ihr zeigen, dass nur ihr letzter,
ein verdammter scheiß
*Narzisst* war
und das nicht für alle gilt.

Sie lebte im Süden und ich ganz im Norden,
an der Küste.
Ich hatte Verpflichtungen und sie auch.
Der Lockdown tat sein Übriges.
Die
Geburtenrate
sank
gerade,
las ich in einem Artikel.

Das machte mir Angst,
wer sollte meine Rente zahlen.

Darum versuchte ich mich in
Achtsamkeit.
Ich hatte nur den Moment
und im Moment lief alles noch.

Ich war schon seit ein paar Jahren
raus
aus dem
Hamsterrad.
Jeannie holte ich auch raus.

Sie war sehr dankbar dafür,
aber außer Cybersex
und
Pornovideos
konnten wir wegen Bewegungseinschränkungen
und Ausgangssperren nichts tun.

Sie wollte unbedingt ficken,
wollte, dass ich sie dominiere.
Das tat ich per Internet und Datenleitung.
Es funktionierte prima.
Hinterher war ich ganz k.o.,
wie bei echtem Sex.
Digitales Leben ist doch gar nicht so schlecht.

Sie bettelte um meinen heißen Saft
und ich gab ihn ihr täglich – digital.

Dazwischen redeten wir von Phobien
und Traumas und Zwängen und Stimmen
und ihren Magenproblemen oder Allergien.
Wir waren ein Wahnsinnspaar.
Sie fing an sich zu verlieben.
Ich fragte nach ihrem Alter.
Mädchen, du bist mir zu jung
und außerdem kann ich mich nicht binden,
denn ich habe einen Freiheitszwang
oder war das die Bindungsangst!

Das brach ihr das Herz.
Ich schlug vor, in der digitalen Welt zu bleiben.
Das sei ein fairer Deal, meinte sie,
und das half zumindest meinem
digitalen Herz.

Schätzungsweise wird das falsche Leben
bald besser sein als die Realität.

Ich war froh,
denn das war auch sicherer so
für mich
und die Welt.
Und meine Tankrechnung.

# Als ich begann, meine Haare zu essen

Der Wind pfiff mir um die Ohren,
es war saukalt, gefühlt ein zweistelliges Minus.

Wie immer radelte ich durch Barth
Und je näher ich dem Hafen kam,
desto kälter wurde es.

Dieses Jahr (2020) war der Bodden zugefroren.
Eisschollen türmten sich meterhoch.
Es knarzte und knackte laut.
Ein Eiskonzert – das konnten sie nicht verbieten.
Ich fuhr die Langestraße hoch
und dann diagonal über den Marktplatz
am sozialistischen Fischbrunnen vorbei
und rein in die Fischerstraße
und abwärts rollen lassen Richtung
Marina. Die Böen zerfetzen jetzt mein Gesicht.
Ich würde noch faltiger werden.

Es trieb mir das Augenwasser
links und rechts
raus,
aber es gefror nicht.
»Moin, Moin«, da lief gerade der Bekannte mit
seinem großen schwarzen Hund. Ares hieß der
liebe Kerl.

Mein Gesicht war jetzt irgendwie
doch zugefroren wie die See.

Da zog ich mein Schlauchtuch drüber
und hoch bis zur Nasenwurzel.

Das tat gut,
wenn da nicht die doofen langen Haare von mir
drin wären
und meine Haut und Lippen kitzelten.
Ich hatte keine Lust anzuhalten
weil das ständig passierte,
Null Bock auf diesen Job – Haarentferner.

Da schoss mir,
in diesem kalten Moment,
dieser geniale Gedanke durch den Kopf.
Friss deine Haare, du frisst doch schon so viel von
dir (Blut, Wundkrusten, Pickel, Pobel, Zauber-
saft).
Überhaupt ist an Haaren nichts Schlimmes,
fühlt sich nur wie Plaste oder altes AGFA-
Kompakt-Kassettenband an und meine sind halt
oft ungewaschen und fettig.

Ich aß schon meine *Butzen* ab und zu,
leckte mein Blut, knabberte Schorf wie Chips,
schlürfte meine *Sahne* wie Vanilleeis,
liebte den Schlafsand wie Karamellbonbons,
knetete aus Ohrenschmalz kleine Bernstein-
Trüffel.
Da kam's auf die Plaste-Haare wohl nicht an.

Selbst die Hunde und Katzen machen das.

Die wussten es wohl.

Back to nature und keine falsche Scham.
Wollte ich nicht ein Naturbursche sein?
Ich zog das Haar während dem Strampeln
mit der Zunge in den Mund,
es war sehr lang, wahrscheinlich grau,
machte paar Knoten rein
und kaute drauf rum,
es fühlte sich an wie ein Stück von einer
PET-Verpackung,
es sträubte sich, war hartnäckig,
es reichte mir jetzt,
schluckte es, als ich genug hatte,
unter leichtem Würgen,
denn es verfing sich am Zäpfchen,
runter.
Meine Reifen glitten sanft durch den Schnee.
Es war herrlich.

Seither brauchte ich nie mehr anzuhalten,
um störende Haare zu entfernen.
Mega Zeitersparnis.

Das war ein weiser Moment in meinem Leben.
War stolz auf mich. Auch, weil ich so abgebrüht
war.

# Charles zahlt seine Schulden nicht

Maria war total traumatisiert,
ihr Mann checkte einfach beim Fußball aus.
Hatte wohl jemand eine Weiche verstellt.
Von da an fuhr der Lebenszug, nur noch mit
Maria,
auf dem Gleis weiter.

Maria war fertig, am Ende, traumatisiert.
Der Todesstern hatte zugeschlagen.
Sie musste die Wohnung verkaufen, umziehen
und sich beruhigen.

Vom Hausnotverkauf blieb etwas übrig.
Da kam Charles von Lesbos
auf die Bretter und half in der Not.
Ritterlich agierte er auf der Bühne,
wie ein großer Künstler,
mit Talent
und versprach sehr viel.
Wie ein Heiratsschwindler!
Er zauberte mit Worten und
Taten die folgen sollten.
Die Zukunft wurde wieder rosarot.

Aber zuerst bräuchte er etwas Geld,
für einen guten Deal.
Unter Freunden, unter sehr guten Freunden,
sehr sehr guten Freunden.
Traumatisierte Frau gibt doch gern
und gibt sogar zinslos Kredit.

Charles gibt Ehrenwort als Ehrenmann.
Und sie war in Not und brauchte dringend,
einen Ritter.

7.777 Euro Totengeld wanderten zu Charles.
Er setzte auf Meteor und Platz,
im siebten Rennen.
Meteor lief auf 4 ein.
Es war ziemlich knapp.
Sein Deal platzte,
das Wett-Geschäft klappte nicht,
deshalb konnte er
nicht mehr zurückzahlen.
Schade – auch die Moral patzte,
Die dunkle Seite hatte wieder zugeschlagen –
dann das Ehrenwort, dann die Freundschaft.
Es blieb nur ein großes Minus.

Drei Jahre später
beglich er doch mit bisschen Zins
und wenig glamourös, schimpfend,
in einer Amtsstube
und machte notgedrungen Cash-Back.

Maria leiht jetzt kein Geld mehr her.
Sie sitzt jetzt drauf wie eine Glucke.

Viel zu viele rennen dem Geld hinterher.
Und bei Geld hört die Freundschaft auf.
Also leih nie einem Freund was.
Er braucht's, du hast's also
schenks ihm lieber gleich.

## Kirchliches

Gott ist tot, meinte schon Nitzsche.
Dazu müsste er aber gelebt haben.
Schätzungsweise lebte er aber nie,
denken wir nur an das ganze Elend,
und deshalb lag Nitzsche falsch?

Schopenhauer meinte mit Gott,
dem christliche Glauben usw.,
ist nicht viel los.
Darum holte er sich einen Hund.
Buddhismus fand er gut. Einstein ebenso.

Glaube ist sehr wichtig. Ein guter Glaube.
Ein vernünftiger Glaube.
Die Kirche schenkt dir Schuld.
Und schreckliche Gottesdienste,
das ist unfair.
Aus der Kirche bin ich sofort ausgetreten.

Die Kirche verkündet das Wort Gottes,
der nie existierte?
Hatte er sie damit beauftragt?
Die Kirche missbraucht ihre Schafe.
Die Kirche verbreitet Fake-News.
Die Kirche ist reich und der Hunger groß.
Die Kirche hat große Tempel
und hierzulande herrscht Wohnungsnot.
Die Kirche erhöht den Pachtzins ihrer
Grundstücke.

Die Kirche hält sich immer raus – sie unterstützt
die Oberen.
Die Kirche macht Kreuzzüge für den Frieden.
Die Kirche predigt Wasser und trinkt Wein.
*Die Kirche fickt sich und anderen in den Arsch.*
Die Kirche wurde an Ostern im
Lockdown geschlossen,
nach tausenden von Jahren – endlich.
Es war schon lange überfällig.
Die Kirche hilft.
Sie hilft vielen Menschen in der Not.
Viele machen dort Ehrenamt.

Die Kirche ist kein Fels in der Brandung mehr,
sie ist eine Kreideküste, die langsam abgetragen
wird.

Sie hat keine Meinung und keinen Mumm.
Sie lässt ihre Schäflein alleine sterben.
Keine letzte Ölung. Ist nicht mehr notwendig,
wars wohl noch nie.

Gott ist in uns und überall,
wozu brauchen wir noch die Kirchen?
Sie haben sowieso keine Meinung
und halten immer die *Fresse*
bis auf Alfred Delp,
der war ein Held.

# Gott gefunden

Wir leben in gottlosen Zeiten – der Beweis ist schnell geführt.
Die Priester missbrauchen ihre Schutzbefohlenen
und die Kirchen werden immer leerer
und die Austritte immer mehr
und Antworten hat die Kirche nicht, nur Makel.
Alle sind schuldig – nur die Pädophilen in Roben nicht.
Die lassen wir schön in Ruhe.
Mitmenschen verhungern – die KIRCHE IST REICH?
Wir sind der Puff Europas.
Kirchengelder veruntreuen
und Prachtbauten wie eine diebische *Elst(er)*.

Ist Gott skrupellos?
Oder nur seine angeblichen Bevollmächtigten hier unten.

Ich bin vor über drei Jahrzehnten ausgetreten.
Konnte mit der Kirche nichts anfangen.
Die Gottesdienste waren unerträglich öde.
Ich verstand nur Bahnhof,
dabei wollte ich Gott so gerne finden.
Ich suchte ihn dann viele Jahre,
aber in den normalen Kirchen fand ich ihn am wenigsten. Nicht bei den Scheinheiligen. Auch nicht in der Bibel. Wie sollte auch ein Mensch Gott erklären können.

Einmal war ich mit dem Rad unterwegs
und kam an eine alte verfallene Kirche auf West-Rügen, bei Gingst (hier ist das Land menschenleer), ein Fundament aus gerundeten Findlingen, schön bunt, darauf alte verwitterte Backsteine und ein hölzernes verfallenes Dach. Seit ein paar hundert Jahren hatte diese Kirche keinen Geistlichen mehr gesehen. An der Decke, wo das eine oder andere alte Holzbrett fehlte, war ein Engel mit Posaune aufgemalt, vor der Kirche stand eine alte Eiche. Ich konnte sie nicht umfassen, brauchte drei Armlängen, schätzungsweise war die 1000 Jahre alt. Knorrig und schon etwas gebrochen wie das Gotteshaus. Die Sonne ging unter und die Strahlen wurden dunkler, das helle Grell des Tages verschwand und die geschindelte Spitze des Glockenturmes strahlte wie Quittengelee. Es war ein malerischer Moment. Das Normale war weit weg. Eine Tür hatte sich aufgetan.

Ich lehnte mich kurz an den Baum, spürte seine Kraft – da sah ich Gott, er hatte sich verkleidet als Blaumeise und hüpfte vor mir auf dem Boden herum. Er neckte mich mit seinen Sprüngen, kam mal näher, um dann wieder auf Distanz zu gehen, und seinem Kopf, den er immer wieder seitlich neigte, mit den schwarzen stecknadelgroßen Äugelein, die mich kurz fixierten und mich aufforderte, ihm etwas zu geben. Die Sache war ganz klar, denn da stand es auch auf seiner Brust –

**HIER IST GOTT** und über seinem Kopf rannte eine Leuchtschrift mit den Worten:

*Ich habe Hunger, Kant du was abgeben, Gotts Segen ist dir gewiss.*

Ich glaube er hatte ein paar Schreibfehler gemacht bei »Kant« und das »e« vergessen. Noch ein halbes Ciabatta war übrig. Davon brach ich einige kleine Krumen ab und warf sie Gott hin. Er nahm sie an sich und pickte sie mit seinem Schnäbelchen auf. Irgendwann befand ich, dass es genug war. Er sollte sich nicht den Magen an Irdischem verderben.

Eine Weile blieb er noch, tanzte hüpfend vor mir im grünen Gras hin und her, bis er verstanden hatte, hier ist jetzt Schicht im Schacht. Das war also dieser Moment, wo Gott sich mir zeigte. Ich war dankbar, hatte ich ihn doch endlich gesehen, wusste nun, dass es ihn tatsächlich gibt und er quicklebendig ist – Gott ist kein Scharlatan, er ist auch nicht so, wie ihn die Kirche beschreibt und das ganze Zeug, der Katechismus kommt ihm überhaupt nicht nahe. Das wäre, wie wenn man aus Beton eine Eiche, einen Baum oder eine Blume macht und behauptet, perfekt, sie lebt. Diese ganzen sinnlosen Versuche sind wie Frankensteins Experimente.
Gott gibt dir halt, Dr. Frankenstein nicht – er führt dich ins Verderben.

Also wenn Sie Gott finden wollen,
dann gehen Sie zu dieser Kirche.
Am besten bei Sonnenuntergang
gehen Sie zur alten Eiche,
und nehmen Sie unbedingt etwas Brot mit,
sonst bleibt er nicht lange
und fliegt gleich wieder davon.

# Der schwarze Falter

Immer nur Sechsen in Deutsch.
Das war total erniedrigend,
also nur weil mir damals als Halb-Zombie,
noch ein Rest von Würde geblieben war.

Aber dann kam eine Erörterung über
Umweltverschmutzung
und ich schrieb einfach runter, was ich
über so eine Falterart im PM gelesen hatte.

Es gibt zwei Sorten,
einen Weißen und Schwarzen.
Beide chillen auf der Birke.
Der schwarze hatte keine so hohe (Pop)-ulation
vorzuweisen.
Er wurde auf der weißen Rinde schnell entdeckt
und gefressen.

Dank der Umweltverschmutzung gab es in der
Nähe eines
Kohlekraftwerkes so viel Ruß und Dreck-
Niederschlag, dass die
Birkenrinden dunkel wurden, und das war die
Chance des schwarzen Falters. Nun nahm seine
Anzahl zu und dafür die der weißen ab.

Meine Lehrerin Frau Huber fand das so genial,
dass sie mir trotz hunderter Fehler
noch eine 3,5 gab und mich für die Story lobte.

Es blieb das einzige Lob in Deutsch in meinem ganzen Leben. Ich bin noch heute stolz darauf.

# Glaube hin oder her

Mit 16 bin ich aus der Kirche ausgetreten.
Wollte die Steuer sparen
und hatte den Glauben bereits verloren.

Wo ist der liebe Gott
oder Buddha
oder Allah
oder Mister X?
Was ist mit den ganzen Lehren?

Bisher sah ich nur Ronald McDonald.
»Stell dir mal vor, da ist ein Platz, du weißt schon wo,
da schenkt man dir …«, so sang und tanzte der immer vergnügt.
Wenigstens war er nett, bunt, höflich
und hat keinen kalt gemacht. Oder doch?
Hmm, der macht das mit Essen.
Was hat Ronald eigentlich geschenkt?
Was tolles,
pures Glück
und Lebensfreude.

Was sollte man glauben?
Wem sollte man glauben?
Sich selbst oder der Funke Mediengruppe?

Keiner hat mich gefragt, die Erde hat mich einfach ausgespuckt.

Keiner wird mich fragen, ob ich wieder zurück
will.
Die Erde wird mich gerade so wieder fressen
und in meine
MOLEKÜLE zerlegen,
wie sie Bock hat.

Keiner sagt einem, was zu TUN ist.
Das ist doch nicht normal – abartig finde ich das.

Keiner weiß irgend-WAS Genaueres,
außer, dass man folgsam sein soll,
aber das ist Bullshit. Darauf hatte ich keine Lust.

Mir scheint es schlauer,
keine Moral zu haben,
keine Gesetze anzuerkennen
und in Freiheit zu leben.

# Kill and destroy – for peace

Neulich traf ich Captain Kirk vorm Bäcker (da wo auch die Litfaßsäule ohne Werbung ist), das war sein Spitzname oder Deckname, wer weiß das schon genau. Auf alle Fälle war er eine Sportskanone und die deutsche Ausgabe von Freddy Mercury. Wir arbeiteten mal zusammen für einige Jahre bei derselben Firma. Wir waren sowas wie *Headhunter*.

Es war eine schäbige Firma und ein mieser Job. Richtig fies waren wir nur ab und zu. Musste halt dann mal sein. Wenn die Burschen übel waren. Die Büroräume lagen im Mühlauhafen in so 'ner Stadt, die die einheimischen Quadratestadt nannten. Es gab halt nur Quadrate, und keine Straßennamen, wie in New-York.

Direkt neben einer Fabrik, die aus tausenden von Rohrleitungen zu bestehen schien, nur Leitungen in allen Durchmessern und ab und zu dampfte und zischte es irgendwo. Es roch widerlich, so ätzend und penetrant nach altem ranzigem Fett. Man konnte fast nicht atmen, wie beim Anbraten von Habaneros.

Aber hier fielen wir nicht groß auf. Wir machten Nachtstreife. Saßen in einem alten blauen Scirocco GTS mit Handschaltung und braunen Kunstledersitzen, der seine beste Zeit schon mindestens eine Dekade hinter sich hatte. Die ganze Fabrik-Anlage war übersäht mit Lampen, voller dicker dunkler Spinnweben, die dringend mal gereinigt werden sollten. Überall strömte gelbes dreckiges Licht aus alten grauen rostigen Metallbehältern. Es wirkte wie eine Installation von James Tyrell. Wir fuhren gerade los. C. Kirk startete den Motor und die Vierzylindermaschine begann mit ihrer ehrlichen Arbeit.

»Wen fangen wir heute?«, fragte ich.

»Was meinst du?«

»Keine Ahnung, also so richtig Bock habe ich keinen.«

»Geht mir genauso, lass uns einfach bisschen rumfahren und paar Leute abklappern, Infos sammeln, vielleicht gibt es einen Zufallsfang.«

Das klang gut. In der Regel verstanden wir uns blind. Wir waren wie ein altes Ehepaar. Es fing zu regnen an. Im Licht der Straßenlaternen erkannte man Bindfäden an denen das Wasser parallel und gleichmäßig, in kleinen Strichen, etwas versetzt mit 15 Grad, hektisch zu Boden fiel. Große aufgeblähte Bindfäden die sich als weiße Mittellinie getarnt hatten, verschwanden unter dem Bodenblech des Scirocco, damit die Asphaltstraße sie hinten wieder ausspucken konnte. Wie auf einem Fließband. Akkordarbeit ist Drecksarbeit. Das durfte ich selbst schon erfahren, früher. Der Regengott tat das so schnell und irgendwie nervös und zittrig, dass ich mich fragte was ist so geil daran, als Regen, als Flieger, aus Wolken auf die Erde zu klatschen, oder hatte der Regen schiss?

Zumindest hier war alles dreckig, schmutzig und mit dem Staub der Straße verwandelte sich der himmlische Regen in einen gottlosen dunklen Strom aus Abfall, der alles mitriss, was nicht festen Halt hatte, der von gottlosem Industrielampenlicht bestrahlt wurde, damit er dann in den rostigen Gittern eines genormten Gussrostes verschwand und der Dunkelheit eines unterirdischen Rohrnetzes, das den ganzen Erdboden wie Löcher einen Schweizer Käse durchzog, verschwand. Dieses ehrlose unterirdische Rohrnetz konnte theoretisch alles verschlucken, wie ein schwarzes Loch. Da fiel mir das Loch meiner Freundin ein. Es besaß keine rostigen Gitter, aber eine *Norm* gab es und das Prinzip war ähnlich. Zumindest das eine war ein allesfressendes Monster.

»Warum sind diese hässlichen Chemiefabriken nachts immer voller Lichter, wie LA? Vom *Monte Scherbelino* aus *kannste* da keinen Unterschied erkennen. Das muss doch ein Vermögen kosten, obwohl da niemand ist. Also hier in der Sklaven-Anstalt. Und das ist auf der ganzen Welt so und was macht das mit dem Klima? Läuft alles automatisch und die paar *Hanseln* vom Tag sind nachts zu Hause.«

»Macht keinen Sinn, würde reichen, wenn die das Licht anmachten, wenn was passiert ist. Zum Nachsehen oder wenn einer Streife geht. Aber schätzungsweise ist das Vorschrift oder Arbeit vortäuschen oder doch Kunst?«

Wir fuhren durch die Neckarstadt, ein runtergekommener Stadtteil, zumindest an vielen Stellen.

Hier scheint das moderne Leben gescheitert. Auf einem Emailschild an einer Jugendstilfassade tauchte im Licht einer Überspannungsanlage der Name Mittelstraße auf. Hier war auch der große Puff. Eine ganze Straße lang und mehr. Auf Höhe der *Lupinenstraße* verschwand ein Mann schwankend hinter dem Bretterverschlag des Strichs.

»Schau mal, kennen wir den nicht?«

Captain Kirk fuhr langsamer. An der Straßenbahnhaltestelle, Ecke *Neunzehnte* an den Fahrplanmast gelehnt, stand Rudi. Er trug zerschlissene Jeans, orangefarbene Turnschuhe mit einer silbernen Welle drauf und ein blaues verwaschenes und verblichenes dunkelblaues T-Shirt mit einigen hellen Flecken am Kragen, rechts. Sein Körperbau war gerade, die Statur sportlich athletisch, das Gesicht bisschen zerfurcht von vielen zu langen Nächten im Suff und Kartenspiel. Die grau melierten Haare hingen ihm lose über die Schultern und der leichte Wind vom Neckar, der immer durch die Gassen der Neckarstadt pfiff und den Duft der Gosse erträglicher machte, wehte sie mal nach hinten und dann wieder nach vorne ins Gesicht, so dass er permanent mit ihnen beschäftigt war.

Der Regen hatte stark nachgelassen. Es gab nur noch vereinzelte dicke Tropfen, die aus dem Nichts zu kommen schienen. Als würde einer vom Himmel runterspucken.

Rudi zuckte, als er den Scirocco sah, fing sich aber sofort wieder, als er uns erkannte. Seine Mine hellte sich etwas auf.

»Drehen wir ’ne Runde mit ihm?«, sagte ich leise. »Er ist ein netter Kerl und hat immer gute Storys.«

Mit den Augen und einer kurzen Kopfbewegung nach links gab ich ihm ein Zeichen und er kam zu uns rüber.

»Klick – klack«, die Tür ging auf und Rudi nahm im beengten Fonds Platz.

»Hey Leute, ihr könnt mich nicht einfach so von der Straße holen«, begann er leise erregt. »Wenn das einer sieht, der weiß doch sofort, was los ist.«

»Ok, Rudi«, versuchte ich ihn zu beruhigen, »nächstes Mal rufen wir dich vorher an.«

»Bleib locker«, zog ihn der Captain auf, »was geht ab?«

»Nicht viel«, antwortete Rudi verdrossen und strich sich ein paar nasse Strähnen glatt.

Heute war er wohl nicht so gut drauf. Ich redete mit ihm und versuchte ihn abzulenken – irgendwo hatte er Recht, aber wir waren abgezockte Sheriffs. Uns kümmerte nichts. Das war unser Revier und niemand konnte uns hier anpissen. Ich drehte mich zu ihm rum. Rudi mit seinen fast 190 cm wirkte sichtlich beengt auf der Rückbank. Er musste sich fühlen wie eine Sardine. Sein Oberkörper hing diagonal über die Lehnen, damit er sich nicht den Kopf am Himmel stieß.

»Ich weiß nichts. Gibt nichts Neues. Dass die eine da im Puff die Fresse von ’nem Freier verbogen bekam, das wisst ihr doch schon, oder? Ging übel aus.«

»Ja, der Typ liegt noch im Krankenhaus. Die Angels haben ihn ganz schön plattgemacht. Habe gehört, dass seine Eier nicht mehr zu gebrauchen wären. Eiersalat.«

Captain Kirk bog in die *Dammstraße* und wir fuhren parallel zum Fluss. Schätzungsweise wollte er zum Hafenkiosk. Rund um die Uhr gab es dort Szene. Aber moderate. Vielen war der Weg zu weit. Es lag fast am Ende der Docks. Dort gingen wir regelmäßig mit den Informanten hin. Es war zwar gerade mal schätzungsweise drei Kilometer von der Neckarstadt weg, aber aus irgendeinem Grund waren dort fast nur Hafenarbeiter, Tagelöhner und Angestellte und die Szene abwesend. Leider war der Kiosk auch grottenschlecht. Alles kam aus der Tüte und war Convenience. Die Pommes waren ganz okay, der Gewürz-Ketchup von Helma, ein wirklich übles Zeug, das wahrscheinlich nie eine echte Tomate gesehen hatte. Es war süß und klebrig und machte süchtig, obwohl es wie Chemie plus Geschmacksverstärker schmeckte, einfach zu krass, das Zeugs.

Hinter dem Kiosk war ein Parkplatz vor dem Hafenzoll. Hier war man so sicher wie ein Ministrant in der Kirche. Es war wichtig, cool zu bleiben, nicht aufzufallen, einfach ganz eingebildet und normal zu tun. Etwas schroff und laut. Eigentlich unser Dauerzustand, denn wir waren ziemlich eingebildet auf unsere Macht und wir hatten Colts. Skrupellos obendrein.

»Das Problem war wohl«, ergänzte Kirk, »dass seine Brieftasche weg war.«

»Du musst einfach wissen«, erklärte Rudi philosophierend, »wo du bist, wer der Chef ist und was die Etikette verlangt.«

»Genau«, ergänzte ich, »du kannst doch im Rotlicht keine Fresse reisen, das wäre, wie wenn du in ein Haifischbecken springst und wild strampelst.«

Wir mussten laut lachen. Der Scirocco zitterte. Die Stimmung wurde gelöster. Das *Hafen-Huren-Kiosk* lag genau zwischen Neckar und Rhein. Es war umgeben von alten leeren Hafenspeichern aus Backstein, die nicht mehr benötigt wurden. Im Vergleich zur Stadt war das Hafengebiet ordentlich. Zwar wehte hier ein morbider Charme und nachts konnte man sich hier nicht wirklich sicher fühlen, aber Unrat, der überall rumlag, gab es hier nicht so viel. Schätzungsweise wehte der Wind alles in den Rhein.

»Willst du was Essen, Rudi?«, fragte ich. Er hatte sich grade eine Reval ohne angemacht und es sah aus, als ob die Kiste einen Schmorbrand hat und wir es genießen würden.

»Ja, mach mir 'ne Currywurst original mit Pommes und Rockstar.«

Ich stieg aus und blickte mich kurz nochmal um und nickte dem Captain zu, der in die dunkle Nacht blickte, als käme etwas auf uns zu.

»Für mich auch, aber Cherry-Coke«, sagte er, ohne mich anzusehen. Naja der große Bär war wohl schöner.

Ich ging zum Kiosk, vorbei an großen Metallboxen auf Rollen, aus denen gammliger Essensgeruch strömte, blickte zwischen den Speichern auf den Fluss und entdeckte ein niederländisches Handelsschiff, das mit schwarzer Erde, wohl Kohle, den Rhein abwärtsfuhr. Die Lücke zwischen zwei Speichergebäuden reichte gerade, um es kurz in voller Länge zu erfassen. Hinten bei der Kommandobrücke war ein Wagen mit Wohnwagen drauf. Der Schiffsdiesel dröhnte und seine tiefen brummenden Bass-Töne klangen die zweihundert Meter bis zum Imbiss. Ich tippte auf Rotterdam.

Der Schiffsdiesel beruhigte mich wie ein Joint in einem Coffeeshop in Amsterdam. Es erinnerte mich an lange Busreisen mit der Schulklasse und wie ich da regelmäßig vom brummenden Vibrieren erst einen Harten bekam und dann irgendwann vor nicht erfüllter Leidenschaft einschlief. Das erste ist heute noch so. Ich musste schmunzeln. Wie manches doch blieb. Ich blieb mal stehen. Der Laden strahlte grell durch Neons, wie ein Späti in der Hauptstadt.

»Bitte, was brauchst du?«, fragte eine wirklich attraktive junge Frau. Sie trug einen weißen Minirock mit Fettflecken drauf, ein schwarzes T-Shirt mit einer Stones-Zunge, die Haare dunkel, lang, glatt und zusammengebunden. Ihre Haut war braun, die Figur hatte ein Fitnessstudio geformt. Das Neonlicht stand ihr super. Es war nicht unmöglich. Ihr Blick vielsagend. Sie wusste es. Alles. Sie wusste auch, was ich wollte. Wir beide wussten das. Männer wollen nur das eine und Frauen, wie Hans immer zu sagen pflegte, das andere. Sie war atemberaubend hübsch. Das an diesem Ort. Etwas unerwartet und surreal. Eher eine Preisfrage. Schätzungsweise in festen Händen.

Der Imbiss war ordentlich und gut organisiert, zumindest was man so als Außenstehender mitbekam.

»Dreimal Curry original mit Pommes, einmal Kirschcola, Rockstar und eine Sprite, bitte.«

Ihre dunkelbraunen Augen leuchteten kurz auf, danach war das Feuer erloschen. Kochen war nicht ihr Ding. Servieren und Flirten schon eher.

»18,53 … dauert etwas, ich bring ’s dann.«

Nettes Ding. Sie wollte es uns bringen. Warum auch nicht. Neugier? Höflichkeit? Trinkgeld hatte sie schon.

»Hier zwanzig, passt, wir stehen da drüber am Parkplatz. Ja, da der blaue VW, unter der Lampe.«

Sie nickte, etwas skeptisch. Drei Männer waren ihr vielleicht zu viel. 18 Euro und dreiundfünfzig Cent, das ging nicht durch drei, fiel mir auf. Ich ging zu den anderen zurück. Am Tresen lagen einige Zeitschriften aus. Das übliche für einen Imbiss. Zwischen der örtlichen Stadtzeitung dem MM und der *Praline* klemmte die Bild. An solchen Orten fand sich nie das PM Magazin. Allenfalls mal YPS oder MAD. Schlagzeile des Tages beim Blutblatt: »Mutti Merkel verantwortlich für Millionen von unschuldigen Todesopfern – eine Auflistung ihrer Kriege.«

Das war harter Tobak, selbst für Springer. Hinter mir drängelte ein dicker Kerl in Arbeiterkleidung. So verdreckt, wie der war, musste er ein Gipserdasein haben oder er hatte gerade einen Abriss gemacht oder was in die Luft gesprengt. Ich *hasste* die Gipser, mit ihrem feinen Staub, der daherkam wie zartes Mehl, aber wie Salzsäure deine Haut und Lungen zerfraß. Einmal hatte ich mich auf eine Gipserin eingelassen. Sie war schlank, sportlich und schon viele Jahre im Geschäft. Ihre Hände waren wie 40er Schmirgelpapiere, selbst ihre Haut fühlte sich noch an wie unpolierter Sandstein. Aber hübsch war sie und forsch. Etwas zu primitiv. Zu rau und kratzig. Aber das mit ihren Händen war prima. Zu viel damals. Heute? Wer weiß. Eigentlich bedauerte ich sie. Unmenschlicher Job!

Ich machte einen Schritt zur Seite, der Mann war wichtig, er zahlte Steuern und er brauchte Kalorien. Er trug eine dreckige Latzhose. Auf einer Seite hing der Latz runter, überall kleine Löcher. Das Zeug ätzt auch den Stoff durch. Das Haar schüttern. Aufgelöst in Säure. Die Finger klein und wurstig. Kassengestell. Alte Sportschuhe. Schlechte Haut. Grau. Raucher noch dazu? Überall Schmirgelpapier. Er tat mir leid.

Mit lauter Stimme und vor Erregung bebend bestellte er: »Schnitzel XL mit Pommes und zwei Export. Gib mir noch ’ne Schachtel HB und zwei Underberg.«

Es schlug ihm auf den Magen. Das kannte ich von mir. Die Bedienung hatte ihn nur kurz angeblickt, aber mit dem gleichen Strahlen in den Augen. Was für ein Job. Da und dort und hier. Jeder tut, was ihm aufgetragen wurde. Wie die Bienen. Macht das beste daraus für das Große und Ganze. Das ist das wichtigste? An den Zeitschriften kam ich nie vorbei. Zeitschriften lesen war zwar schon lang out, aber mich interessierten die Schlagzeilen. Alles, was ich in meinem Leben brauchte, um up to date zu sein, waren die Überschriften. Das darunter. Nein. Nicht von Interesse. Kein Tiefgang. Schnelle Nummer.

Ich nestelte etwas an der Bild rum, damit ich die Tabelle lesen konnte. Ab und zu interessierte es mich dann doch. Das stand in druckfetten Lettern. Rot. Dick. Doppelt-Unterstrichen. Als Tabelle:

»Kriege mit deutscher Beteiligung unter Merkel,
Syrien bis zu 1,5 Millionen zivile Opfer,
Irakkrieg 1 Millionen zivile Opfer,
Afghanistan 100.000 zivile Opfer,
Jugoslawien mehrere zehntausend zivile Opfer,
Libyen bis zu 50.000 Opfer,
Syrien 500.000 Opfer,

Ukraine, ich las nicht mehr weiter, mir reichte es, die Liste ging weiter und weiter wahrscheinlich gab es noch einen unbekannten Teil, so eine

Art Backlist, eine geheime. Schwarzmarkt der toten und Folteropfer. Vergewaltigten. Ermordeten. Kleinen Kinderleichen, Omas, gestorbenen Schweinen in der Massentierhaltung. Wie viele Insekten sterben wohl bei einer Fliegerbombe. Wozu zählt man die? Ich schlenderte zurück und war total froh, dass die Bomben diesmal nicht auf Deutschland und meine Kinder fielen. Wir Deutschen waren schon geschickter geworden und Mutti war so liebenswert. Für uns bombte sie die anderen klein, damit unser Wohlstand nicht geteilt werden musste. Auch die Drecksarbeit mussten die machen. Nur in letzter Zeit war alles etwas in Unruhe geraten im Ausland. Hoffentlich wollten die uns nicht irgendwann die Rechnung präsentieren. Was sollten wir dann sagen? Sorry, war nicht persönlich gemeint. Es ging nur ums Geschäft.

Rudi und der Captain waren ausgestiegen. Der Regen hatte ganz aufgehört. Der Wind nahm die Feuchtigkeit zügig mit. Beide lehnten auf einem weißen runden Bistro-Tisch. Das Teil wirkte selbst zusammengezimmert. Es stand am Rand bei den großen Müllbehältern. Ich blieb noch einen Moment stehen. Mein innerer Richter meinte gerade, ich hätte Mitschuld am Leid und Tod der anderen. Oha, so viele Millionen, das kommt nicht gut bei der Endabrechnung. Da wird Vergil mich wohl direkt im Höllenfeuer abliefern. Ich brauchte eine Ausrede. Eine Ausrede für Gott. Die anderen winkten mich her. Aber ich tat so, als würde ich den großen Wagen suchen. Genau jetzt war's mir eingefallen. Zumindest etwas. Der Anfang meiner Entschuldigung. Hunger. Ich stellte mich dazu.

»Nö, im Moment ist alles ruhig«, blubberte Rudi. »Wen sucht ihr aktuell?«

»Kennst du den«, antwortete mein Partner, dann etwas leiser, »Piloten, Niederländer oder Belgier, den genauen Namen weiß ich nicht, Der Typ soll aber mal eine Frau gewesen sein und hat sich umbauen lassen und ist jetzt ein Mann. Außerdem würde er Drogen von Spanien nach Deutschland mit einer kleinen einmotorigen Maschine fliegen.«

Rudi wusste was, das verriet sein Gesicht, und dass er mit der Antwort zögerte. Und wenn einer, dann Rudi. Er hatte überall seine Connections und war sowas wie eine halbseidene Gestalt. Polizeifreundlich, aber auch gangsteraffin. Er bewegte sich halt in beiden Welten, ohne in extreme zu Verfallen. Wandelte immer auf der Klippe, ohne abzustürzen oder so. Rudi war die Schnittstelle zwischen zwei Programmen. Er drehte seine Goldkette mit Jaguar einmal rund um seinen Hals. Dann gab es ein Räuspern. Der gute Frosch.

Ein VW-Bus mit Aufschrift: »Der Fliesenmeister«, hielt direkt vorm Kiosk an. Die Freisprecheinrichtung ließ uns umstehende jedes Wort verstehen. Es war mir zu laut. Die Stimmung dahin. Viele scheinen schwerhörig zu werden im Auto.

»… ja, mir egal, soll der doch sehen, wer ihm das jetzt macht. Ich habe es gleich gesagt, so funktioniert ... nicht … das nicht. Da hätte mehr Kleber drauf gemusst, logo, wollte der doch aber nicht bezahlen und dann nur den billigen Scheiß vom Baumarkt. Mir reicht's. Ich habe jetzt Feierabend. Hast du nicht verstanden? Die Fliesenqualität war auch scheiße. Dieses blöde Verlaufsmuster erinnerte an Darmspiegelung und war überhaupt nicht zu verlegen. Jetzt sollen wir's wieder rausreißen. Der Kunde ist doch irre. Ich muss was fressen jetzt. Nein, das mache ich nicht. Der soll mich am Arsch le…« Noch irgendwas mit Fresse und dann stieg der Meister aus, schlug die Türe zu und ging strammen Schrittes zum Kiosk. Dort krallte er sich erstmal die Bild. Fliesenkleber ist auch Scheiße, kam es mir in den Sinn. In meiner Rangliste, auch wegen der *Bückerei*, die Knie, könnte aber auch gut andersrum sein, standen die gleich nach den Gipsern.

»Hab davon gehört«, schickte sich Rudi an, uns teilhaben zu lassen. »Die Szene spricht davon, der Pilot ist unbeliebt, aber er hätte guten Stoff und nimmt alles, also nicht nur Bargeld.«

»Warum unbeliebt?«, wollte ich wissen.

»Es heißt er zieht die Kunden über den Tisch. Will oft nur gegen geklaute Waren liefern.«

»Wie muss ich mir das vorstellen?«

»Er sagt zum Beispiel, geh dort in den Laden und klau mir die Anlage und dann kriegst du einen Fünfer-Beutel Braunes.«

»Da macht er einen guten Schnitt«, meinte ich. Der Neid bringt die Leute um ihren Verstand. Er war halt ein top Geschäftsmann. In der Giftszene gab es auch keine Samariter. Da zählte das Gesetz der Straße. Wie bei Merkel. *Kill and destroy*. Bevor es der andere tut. Wir müssen das tun. Es gibt keine Alternativen. Wir müssen die anderen töten, bevor sie uns plattmachen. Auch die Afghanen und Syrer. Auch die Frauen und unschuldigen Kinder und Babys? Gewiss. Sicher? Es ist notwendig. Warum? Nicht so viel nachdenken. Das tun die andren da oben. Die müssen es wissen. Wenn die Mist bauen und das Ganze ist so unnötig, wie gute Bücher lesen, dann kannst du nichts dafür, weil du es nicht genau wusstest. Das wird meine Ausrede. Genial. Ich war ziemlich erleichtert. Das Essen konnte kommen. Ich bekam großen Appetit.

»Weißt du, wo der wohnt oder seinen Szenenamen?«

Am Imbiss wurde die Seitentür aufgeschlagen. Die fesche Bedienung schaute kurz suchend zu uns. Schnelle Schritte. Tablett. Kleine Brüste. Alles professionell.

»Die Information ist zu neu, ich weiß bisher nur, dass er mega dick im Geschäft sein muss. Er holt einige Kilos jeden Monat rüber und *vertickt* die dann recht schnell. Er wirft die Drogen kurz vor der Landung über der Reisinsel ab. Dort, bei den Apfelbäumen, würde jemand warten. Das Geld soll sprudeln wie ein frisch angezapftes Bierfass. Sie nennen ihn den *fliegenden Holländer*.«

Passt. So weit waren wir auch schon gekommen. Wir hatten auch schon Tage in den Apfelbäumen verbracht und gewartet. Aber es regnete keine Drogen. Nur faule Äpfel fielen. Auf die Spur kamen wir ihm durch paar Straßendealer, die wir hochgehen ließen mit 70 Gramm Braunem, dafür gingen die straight in den Knast, inoffiziell benannten sie den *Flieger* als ihren Dealer, aber zu Protokoll wollten sie es nicht geben. Sie hatten Schiss. Es gäbe Hintermänner, und mit denen war nicht zu spaßen. Ich hasste ängstliche Junkies. Die Furcht. Überlebensangst. Das ganze Gerede von meinem Leben, es ist in Gefahr usw., war totaler Bullshit, Germany war nicht L.A., Compton oder Neapel. Der Pate war eine Erfindung von Hollywood, noch niemals war ein Kronzeuge von mir Hops gegangen.

»Drei Mal Currywurst mit Soße«, schrie die Imbissfrau frech. Wir stiegen wieder aus. Sie hatte ein Tablett dabei und stellte drei große runde Plastikteller ab. In jedem Teller dampfte eine rote Mannemer Feuerwurst, mit reichlich goldgelben Wellen-Pommes. Auf der Wurst lag Currysoße, die mal Hela-Gewürzketchup war, mit extra Currypulver oben auf. Wir bekamen noch bunte Plastik *Piekser*. Rot für mich. Gelb. Schwarz der Rudi.

»Guten Appetit«, und da verschwand sie im Imbiss und knallte die Eisentüre zu.

»*Gutn.*«

»Danke, ebenso.«

»Vielen Dank für eure Einladung.«

»Barrrrtsch …«

Es gab plötzlich einen ohrenbetäubenden Lärm, als ob irgendwo hundert Bierkisten gleichzeitig umgefallen wären. Zum zweiten Mal war die Stimmung hinüber. Es war gefühlt mitten in der Nacht, aber das kümmerte hier im Hafen niemanden. Auf irgendeinem Kahn wurde Recyclingglas verladen. Nie gibt's Stillstand. Wir mussten scheppernd weiteressen.

»Denkst du«, fragte ich den Captain, »dass es am Ende zur Abrechnung kommt? Also Gott dich richtet?«

Kirk starte mich fassungslos an und meinte: »Es gibt keinen Gott.« Dann aß er galant weiter.

»Und wenn doch oder eine göttliche Amazone?«

»Da ist nix«, kam es bestimmt aus Kirk heraus. Rudi lauschte aufmerksam. Er war wohl froh, dass mal ein anderer ausgequetscht wird und das Thema nicht die Unterwelt ist.

»Okay, aber können wir mal, nur hypothetisch, davon ausgehen, am Ende wartet doch Gott. Geht das?«

Kirk nickte uninspiriert.

Rudi meinte: »Dann wird's scheiße. Richtig Kacke. Payday.« Seine Mundwinkel strahlten rötlich und er schien satt, obwohl noch ein paar Pommes übrig waren. Alle sind satt, bei uns. Werden immer satter. Rudi hatte mir Angst gemacht. Ich musste was tun. Einfach nur gewappnet sein für das Ende. Falls da einer wartet und der was zu sagen hat. Ich mach's wie vorhin überlegt. Dem Captain flog eine Pommes von der Schale auf den weißen Bistrotisch. Es gab rote Spritzer, wie bei einer Pumpgun.

Also fing ich großspurig an, ich werde Gott dann folgendes erklären: »Ich wollte das nicht, ich habe da nicht mitgemacht, ich bin ein kleines Licht, führte immer nur Befehle von oben aus, gerne hätte ich geholfen, aber ging ja nicht, die waren immer zu weit weg, und überhaupt, ich versuchte immer nett zu sein, außerdem wusste ich nichts davon, die anderen sind schuld.«

Kirk lachte, dass ihm noch eine Pommes von der Gabel rutschte. Dann meinte er: »Du weißt, wie man seinen Hals aus der Schlinge zieht.«

Ob Gott ausreden mag, dachte ich? Es fing wieder leicht zu nieseln an.

Rudi erklärte noch. Sag doch einfach: »Ich dachte, die ganzen Toten hättest du gewollt, sonst wäre es ja nicht passiert.«

Irgendwo hatte Rudi wohl recht. Gott will es wohl so und deshalb darf Mutti eine *Massenmörderin* spielen.

## Pussy cat

Wie wir umgezogen sind,
weil die alte Wohnung einfach zu schäbig war –
Platte halt.
Da lag auf der Terrasse eines Morgens,
diese Pussy cat.

Ich wollte einfach etwas gießen,
den kleinen Garten und sie fauchte.
Das gefiel mir, wie bei den Weibern,
wenn sie etwas kratzbürstig sind.
Ich goss trotzdem und sie blieb ruhig liegen.

Schwarz und weiß, zierlicher Körperbau,
weißes Gesicht mit einem schwarzen über den
Kopf laufenden
Zacken drin, helle gelbgrüne Augen und eine rosa
Nase.
Verliebt war ich nicht auf Anhieb, aber sie gefiel
mir.

Pussy cat kam nun immer häufiger – und wie alle
Pussys
ließ sie sich in die Falle locken.
Mit Geschmeide und schönen Worten,
hier: Tssstsss, pusyy, pusyy, kooom, komm, ich
bin ganz lieb
und einer Kaustange fasste sie Zutrauen.

Jetzt kam sie mehrmals täglich und hielt mich von der Arbeit ab.
Sie war plötzlich ganz verschmust.
Schmiess sich auf den Rücken, zeigte einen haarigen Bauch,
rieb ihren Kopf an meiner Hand
und leckte.

Pussy cat, dachte ich mir, du bist wie die Zweibeinerinnen.

# Scarlet und die Lektorin

»Lektorin, werde eifersüchtig.«
»Brauchst du nicht, sie korrigiert nur das Script, der Name ist halt irgendwie frauenverachtend, aber ich denke, das wird bald geändert in Laktor*in oder Buchstaben Direktor*in.«
»Es gibt Wichtigeres. Ich zum Beispiel.«
»Ja gut, aber was hältst du von meinem neuen Titel?«
»Klingt auch gut. Ich überlege. Ich finde *Herzlos* besser … bäh.«
»Ok.«
»Du bist so süß, du geiler Ficker.«
»Jetzt kriege ich nen Harten.«
»Geil.«
»Geil, geil. Mein Schwanz riecht noch etwas würzig. Ich hatte heute morgen masturbiert. Ich mag den Duft. Aber am liebsten mit deinem Muschi-Saft.«
»Ja, unbedingt, das ist natürlich das allerallerbeste. Die Arbeitskollegen hier sind ständig am Jammern.«
»Ihr habt nur Weicheier, bei euch im Fischmarkt. Da könnte keiner ein Haus wie ich bauen oder gleich zwei gleichzeitig und studieren, nebenbei.«
»Ja, du bist ein zäher Hund. Auf die eine Art.«
»… und auf die andere ein geiler Ficker. Deine Bumsmaschine und Rüttelmaschine. Schlabber, Lutsch.«
»Sabber.«

»Leck.«
»Steck.«
»Beiss.«
»Heiß.«
»Knutsch.«
»Flutsch.«
»Flatsch.«
»Quatsch.«
»Fick.«
»Dick.«
»Hart.«
»Zart.«
»Fest.«
»Ja.«
»Stöhn.«
»Feiert ein Fest. Dröhn.«
»Schreit.«
»*Fefreiht.* Brenn.«
Irgendwie passte diese SMS nicht ins Bild.
»Scheint mir, Scarlet, du bist gar nicht bei der Sache.«
»Stimmt. Sorry. Müde.«
»GN, mein Steifer ist jetzt weg. Abgebrannt.«
»Sleep well in your Bettgestell.«
Also, mit den Weibern wird's auch immer krasser. Überhaupt sind alle viel zu müde. Und anstatt sich über alles Gedanken zu machen, wäre es besser, einfach zu genießen. Warum kann die *Lektorin* nicht einfach tun, was sie vorgibt.

(Abb. 3)

## Corona und die neue Zeit

Covid ist Geschichte, der Rest der Neuzeit auch,
auch das Jetzt ist grade eben vorbei gehüpft.
Schon wieder, grade. In dieser Sekunde.
Boing, boing, boing …
Das JETZT war bei mir der Hafen in Barth,
am zweiten Tag, wo die Restaurants
wieder öffnen durften.

Die Neue Zeit hatte mitgebracht:
viele Tote, aber kein Massensterben.
Massenimpfung – Massentestung
Massenverschwörung?
GLÜCK auf.
Demokratie wankt, der Staat verdoppelt die
Schulden,
von 70 Jahren in paar Monaten – kein Ende in
Sicht.
Die öffentliche Meinung ist vorgegeben.
Es gibt zu viele Neue Rechte und Linke?
Die Mitte ist weg, der Mittelstand schmilzt,
wie die Pole, immer schneller.
Ein totalitäres Erdbeben verschluckt dich.

Die Neue Zeit bringt:
Geld wird wertlos!
Die Mehrheit schweigt und flüchtet sich ins
Streaming.
Gendern ist der neue Freiheits-Trend, hier ist alles
allerlaubt.

Was ein GLÜCK!
Was noch? – noch mehr Lockdown.
Warum?
Warum nicht?
Luckydown – Grundrechte.
Würde ist nicht gut.

Das Ende naht – wie?
Manche Auserwählte werden zum Mond fliegen
und auf uns hier unten PISSEN,
n' paar werden dann denken, geil, Fanta,
Scheiße – aber so wird's wohl kommen.
Die meisten werden's nicht bemerken.

# Mia, das Fitness Modell

Das erste Mal sahen wir uns im Fitnessstudio,
deine Ausstrahlung war wie die dunkle Nacht.
Wie bei einer grauen Maus.

Aber deine Figur gefiel mir,
Schlank, groß, schwarze Haare, schwarze Augen,
große echte Brüste.

Das Training ging erstmal vor.
Stephan meinte, hier kannst du keine aufreißen,
die kommen nur fürs Training
und Gaffer haben keine Chance.

Stephan hatte natürlich recht,
er war ein viel größerer *Pimperer* als ich.

Das Training lief gut, danach ging ich in die
(Sau)-na.
Da traf ich Mia wieder. Sie war ganz relaxt,
cool und ihre Augen strahlten mich an.
Die gedämpften Lampen machten aus ihr
eine verlockende Maus.

Nach dem nächsten Pfefferminzaufguss,
der ihre Nippel knallhart machte,
wirkte sie geil und angeschossen.
Ihre Festungsmauer zeigte erste Risse.
So viel nackte Haute und Schweiß,
es roch nach Mensch und Sport,

irgendwie animalisch.
Ich fand's gut.

Der dünne, kleine Saunameister
gab uns Salz und Honig zum Abreiben.
Ich rieb Mia ab, sie hatte nichts dagegen.
Ihr Rücken war wie gemalt,
wie Marmor, weiß, hell, fest, hart, kein Makel.
Dann ihren Po, der war etwas zu klein
und die Schwerkraft fing gerade an, ihn neu zu
formen.

Ich liebte diesen Zustand, wenn eine Blume
grade am Verblühen war, denn dann war sie
für jede Aufmerksamkeit dankbar.
Auch alte Zitronen mochte ich,
das dazwischen nicht.

Mia strahlte mich an.
Sie hatte ihre ZUGBRÜCKE unten.
Wir verzogen uns ins Dampfbad.
Sie spielte Flöte im Nationaltheater,
ich hatte gerade eine zum Spielen.
»Ich will dir einen blasen«, war das letzte was ich
vernahm,
bevor ich durchdrehte.
Sie kniete vor mir und alles war so herrlich,
eine Frau, die wusste, was sie will
und es einfach tat.
Flöte spielen ist nicht so schwer wie
Klavier,

aber ein gewisses natürliches Talent,
brauchst du schon dafür.

Mia spielte mir aber viel zu langsam
und tat, als ob mein Ding eine Panflöte sei,
das machte mich total wild,
irgendwo zischte es und ein neuer Dampfschwall
machte alles noch
undurchsichtiger, man konnte noch nicht mal den
alten Herrn am Ende der gefliesten Sitzbank
erkennen.
Ich zog sie hoch, drehte sie um 180 Grad herum
Und drückte ihren Oberkörper nach unten.
Dann ging es weiter.
Jetzt gab ich den Takt vor.

Der Nebel lichtete sich kurz
Opa lachte und rutschte etwas näher.
Von mir aus durfte er zusehen.

Das erste mal dieses Loch – es flutschte top.
Kein langes rumgestochere, alles war zuckrig,
schweißig,
salzig, und schleimig.
Mias *Grotta Azura* war wie ein Stützstrumpf,
dank dem vielen Training,
es war der beste Tempel,
den ich jemals durchschreiten durfte.

Es zischte wieder und neuer Wasserdampf,
ergoss sich heiß in die Höhle – wir zuckten

und jubelten zusammen.
Opa klatschte in die Hände.

# Der Panzer

Ich bekam mal wieder einen scheiß Auftrag.
Weil ich war schon viel zu lange bei der
echten Müllabfuhr.
Orange trug ich nicht,
meistens Jeans mit Löchern und T-Shirt. Alte
Turnschuhe.
Manchmal musste ich alle Klamotten
am Ende des Tages
wegwerfen. Deshalb alte Sachen.
Musste mir so ein grausames Video ansehen.
Irgendwer hatte Anzeige erstattet,
so landete der Scheiß auf meinem Tisch.
Das Video war schätzungsweise irgendwo im
Nahen Osten
aufgenommen.
Ein Selfie von einem Handy und dann auf die
größte
Videoplattform
hochgeladen, für die ganze
Welt.
Da stand es jetzt online und wartete auf
Sensationslüsterne
Glotzer, ohne Empathie.
Ich hatte eigentlich
keinen Bock,
aber irgendwer musste sich doch kümmern.
Seit
A. H.
hatte sich nichts geändert, nur die Form.

Schätzungsweise war es noch nie anders,
wenn ich an die Antike dachte. Die
Menschheit
türmte einen riesigen Berg unschuldiger Leichen
auf.
Wie viele hatte wohl der peloponnesische
KRIEG
gefordert? Oder
Alexander der Große
oder
Napoleon
oder der
Feinstaubbetrug?
Oder der Kampf gegen die Wahrheit?
Und die
Massentierhaltung
und das
COVIED.
Raus! Machen wir Schluss mit uns? Massensuizid.
Grade meinte der liebe Gott zu mir, dass der
Turmbau zu
Babel
diese Story nicht richtig verstanden worden ist. Er
hätte damit die
vielen unschuldigen Toten gemeint. Das
symbolisiert diese Geschichte. Ein Turm voller
toter Körper, der dann einstürzt und die paar
lebendigen, die übrig sind, verschüttet.
Ach ja, schön, dass ich das mal erfahre.
Es ist also Normalität, dachte ich mir. Der
FRIEDEN

ist nicht normal. Stilles Wasser, ein See, der ruhig da liegt und die Bäume spiegeln sich darin. Nicht gut?
Auf alle Fälle war da im
Video, auf dieser Plattform,
dieser Mann – ein junger Kerl, mit weitem weißem Kaftan bis zu den Knöcheln, er war an den Füßen und Händen festgebunden. Er hüpfte lustig umher und hinter ihm fuhr ein kleiner, alter Panzer heran, wie beim Marder guckte ein bärtiger Typ, der Fahrer, vorne aus einer Lucke, ein anderer stand im Bild und grölte. Beide lachten sehr nett und freundlich, wie gute Verkäufer. Kindergeburtstag. So Eis oder Hotdog Verkäufer auf der 15th Avenue. Die Kettenglieder klackerten, wie Kastagnetten. Der Hüpfende war auch bärtig, war schlank und wirkte sympathisch, aber er lachte nicht. Als Einziger. Aus seinen Augen schlug einem Verzweiflung entgegen.
Die Ketten des Panzers, erwischten ihn zuerst an den Füßen, dann fiel er hin und der Panzer fuhr über ihn drüber. Danach sah er aus wie eine Coladose auf der Straße. Das Cola, das menschliche war raus. Jetzt war es ein Stück Abfall. Totes Fleisch. Die andern lachten wie wild, als hätten sie einen tollen Streich gespielt.
Ich bin bis heute
traumatisiert.
Der freundliche Kerl, geschätzt so Anfang 20, war grausamst getötet worden im Namen irgendeines

Glaubens, einer Ideologie oder was weiß denn ich?
Kurze Zeit danach hatte ich den Job hingeschmissen. Sollte doch ein anderer seine Gesundheit als Müllmann oder Cleaner für 4.000 Euro monatlich ruinieren. Scheiß Filmteam. Verfluchter Job.

# Bald ist Ladenschluss

Wo die Welt steht und geht!
Von oben strahlt's blau,
weiter dreht's
das Erdenkarussell bebt.

Die Luft ist staubig,
und die Sonne brennt,
die Meere werden faulig,
und die Druckerpresse rennt.

Der Ladenschluss rückt näher,
noch hat 's keiner bemerkt,
der Fokus ist Karriere,
bald sind alle ganz verzückt.

Das Rad dreht sich immer schneller.
Massenkonsum.
Der Turmbau zu Babel Teil 2 wird greller.
Massensuizid von Gott befohlen Zum, Sum.

# Rambo will vom Turm springen

Ein guter Bekannter,
man könnte Freund sagen,
hatte den gleichen Job wie ich gemacht,
*Cleaner*, Müllabfuhr der Gesellschaft.
Wie ich war er am Durchdrehen, Kopf kaputt,
aber er hatte es durchgehalten bis zur Rente.
Genützt hat ihm das aber nix,
außer mehr Kohle,
jetzt redet er seit über zehn Jahren nur noch von Selbstmord.
Das Zeug hat sein Gehirn übernommen.
Es will ihn töten.
Ständig muss er irgendwelche Drogen fressen.
Er ist nur am Schimpfen und Wehklagen,
eine Frau hat er nicht,
nur einen Hund – er kommt nicht mehr klar mit Menschen.
Der Hund, so ein kleiner Rehpinscher, ist sein Ein und Alles,
nur manchmal,
wenn er mal wieder auf den sauberen Fliesenboden der Mietwohnung sabberte,
dann will er ihn töten, aber das vergeht. Oder,
wenn er beim Gassi gehen zu früh kackt.
Schlagzeile: Hund von Herrchen getötet, weil er zu früh schiss.

Neulich trafen wir uns beim Einkaufen,
draußen, da wo man die vergitterten

Einkaufswagen abstellt.
Er lächelte, erzählte mir den neusten Tratsch,
wir wollten uns mal wieder treffen,
nächste Woche.
Dann kam die alte Leier,
er will vom Turm springen, hier in Prerow, bei den Ostseedünen,
das passte wenigsten, da könnten seine Finder ihn gleich entsorgen.
Der Turm ist ziemlich hoch,
außen hat er so verrostete Tritteisen dran,
bis oben hin gehen die.
Zum Glück kommt Rambo nie da hoch,
deshalb machte ich mir auch nie Sorgen um ihn.
Und überhaupt, solange der Hund lebt, tut der sich nix,
denn er ist manisch fixiert auf den kleinen haarigen Früh-Kacker.
Aber der Hund ist schon ziemlich alt.
Hoffentlich lebt er noch paar Jahre.
Bis der Turm endlich abgerissen ist.
Ich bin gespannt.
Vielleicht sollte ich grade mitspringen.
Tandemsprung ist doch sehr beliebt.

# Die kaputte Immerrot

Ein guter Kumpel, mit dem ich ab und zu auf der Peene paddelte, meinte, da wäre eine, die könnte dringend meinen Rat gebrauchen. »Bei was?«, schrieb ich zurück, eigentlich war es klar, entweder es ging ums Aussteigen oder um was Juristisches. Aber ich war mir ziemlich sicher, dass es ums Auschecken ging, denn das wollten die meisten. Mittlerweile war ich zum *AUSCHECKMEISTER* in meiner Szene avanciert. Der Bock war bei vielen lahm geworden, wie bei mir bzw. ich hatte halt keine Lust mehr auf den Mainstream-Mist. Dieses MAN-Leben wie bei Heidegger ging mir gehörig auf den Sack. Da kann man sich auch gleich auf die Gleise legen. So spannend ist das.

Wie man das ganze finanziert, nichts leichter als dass, darüber hätte ich auch noch sehr gut referieren können, dazu gab es die wenigsten Anfragen.

»Die ist Staatsanwältin«, schrieb Matjes zurück, »sie will raus, packt es nicht mehr, psychisch.«

Eine weitere Irre, dachte ich. Selbst verschuldetes Elend. Aber ich war zu gutmütig und wollte immer helfen. Grade hatte ich aber wenig Reserven frei. Erster Notnagel. Ich schrieb ihr, dass ich sie in ein paar Tagen mal anrufen werde. Vertrösten. Hinhalten. Nur nicht zu schnell und vorsichtig sein, bei den *irren* Weibern ganz besonders. Jack Nicholson in die Hexen von *Eastwick* war mir eine Warnung. Ohne Vorwarnung schickte sie mir paar Fotos von Dokumenten. Sehr intime Sachen.

Die kannte mich noch gar nicht. Das war ein erstes Zeichen, das ich richtig deutete. Auf alle Fälle stand da was von Dienstunfähigkeit festgestellt, aber sie sollte woanders eingesetzt werden. Ein Job in der Verwaltung von St. Blasien im Allgäu, gleiches Gehalt. Sie wollte das aber nicht. Ich riet ihr, einen Anwalt aufzusuchen, das hatte ich auch getan, denn ich wollte keine Fehler machen. Verwaltungsakt. Schöner Kack. Den Rat lehnte sie entschieden ab. Sie war wohl eher der Typ Mensch, der sich vor Gericht selbst verteidigt. Das war entweder mutig oder doof. So eine Person war weise oder naiv. Dumm fickt gut, kam mir in den Sinn. Aber als Staatsanwältin schied das aus. Und ich hatte so viele kennengelernt, die meisten tröge, ein paar Dominas. Sehr speziell – dieser Typus.

Es war mir egal, denn wir fanden schnell andere Themen. Eigentlich hatte ich das Gefühl, es ging ihr gar nicht ums Auschecken. Was hatte Matjes ihr erzählt? Superbulle. Kampftrinker. Drecksau.

Wir stellten fest, dass wir beide Künstler waren, ich a.D. und sie noch bei voller Alimentation. Das war schön, es half etwas mit dem Neuen besser klarzukommen und zu starten. Abgehoben waren wir noch nicht und die meisten bleiben ja leider auch am Boden, aber es war trotzdem geiler zu scheitern als dieses pomadige Dasein der anderen. Immerrot war blond, das sah ich in ihrem Status, gut zehn Jahre jünger als ich und sie hatte riesengroße Brüste und zwei Schlangen. Darin steckte volle Lebenslust, frivol, offenherzig, kein Kind von Traurigkeit, anständig und voller Zwänge. Sexsucht. Das gefiel mir gut. Wir konnten uns prima austauschen und uns unsere größten Ticks erzählen und mussten nicht lange erklären, weil wir eine große Schnittmenge hatten. Nach ein paar Tagen hin und her Schreiberei kamen wir auf ein neues Thema. Ein Thema, bei dem ich mich gerne als Laie und gelehrigen Schüler bezeichnen würde. Wobei diese Sache bei Bekloppten einen besonderen Reiz hat, oft können die hier ihre Gefühle und Vorstellungen entweder besonders gut oder besonders schlecht ausleben. Heute besonders gut. Immerrot war da eine wahre Meisterin, zumindest verbal. Sie konnte so schreiben, dass mein Prügel stand wie ein Stück abgeschlagenes Kiefernholz. Sie paarte das Ganze dann immer noch mit pikanten Sprachnachrichten in derber Sprache und geilster Wortwahl.

Nur Nacktfotos wollte sie mir keine senden, das war sehr schade und Videosex war auch nicht drin. In diesen harten Zeiten hatte ich das schnell gelernt. Ich stellte mir immer die Frage, wie das mit den Kindern in Zukunft passieren sollte? Wahrscheinlich musste der Mann bald seinen Joghurt auffangen, abfüllen an ein Testlabor übersenden, das machte dann den Stempel drauf – save und ab ging das Zeug direkt zur werdenden Mutter und Partnerin. Wird es auch ein Qualitätslabel geben? Auch so etwas Schmutziges wie Sex unter Irren hatte somit etwas Reines zurückerhalten und das stützte die These, dass nichts, aber auch gar nichts einfach nur schlecht ist. Jedes Ding hatte seine weiße unbefleckte Stelle.

Einmal bekam ich eine sehr lange Brustwarze zu sehen. Der lange Nippel wurde zwischen Zeige- und Mittelfinger präsentiert. Immerrot hatte gepflegte Hände, keine Wurstfinger, sie war zierlich gebaut, kein Nagellack. Leicht reizbar, sehr streng und ging zum Lachen ab und an in den Keller. Geizig war sie auch, aber das soll ja bekanntlich geil sein. Zuverlässig. Figuren waren mir online so ziemlich egal. Alles andere wäre auch schizophren. Hier kam es auf etwas anderes an. Die Kunst, Gefühle zu wecken. Wie bei echter Kunst also.

Hans, ein Freund von mir, stand auf Flittchen, ich nicht – aber versaut sein bis zum Anschlag war ganz ok. Schweinereien. Sie hatte so eine Vorliebe, aber da stand ich auch total drauf. Den ganzen Tag schickten wir uns Essen-Bilder oder von der Waschmaschine, vom Bügeln, vom Garten, vom Kochen, von Büchern, von unseren Wohnungen, vom am FKK-Strand liegen, von Sextoys usw. Aus heiterem Himmel wurde es ihr wohl warm und sie meinte dann nur lapidar: »Zeig mir deinen Schwanz.« Danach ging's immer ab. Einmal war ich hier im Hafen in einer asiatischen Bar, dem *Konfuzius*, da bestand sie drauf und wurde richtig streng, also ging ich dort aufs Klo mit Maske und wichste mit Face Time, während ein anderer ins Urinal pinkelte und man das Gefühl hatte an den Niagara Fällen zu stehen. Das war nicht so prickelnd, aber ich tat es für sie. Wenn ich helfen konnte, war ich dabei.

Nach ein paar Wochen Telefongestöhne und dirty talk auf einer der untersten Sprossenstufen bekam die bisher weiße Lackweste leider erste Risse.

Meine Sklavin und Meisterin, die es gerne hatte, wenn sie vom Mann dominiert wurde, konnte es nicht mehr aushalten und wollte dafür sogar gegen die Regeln verstoßen und schlug ein Treffen in der Realität vor. Tatsächlich trennten uns etwa zehn Autostunden. Also für jeden so 300 Minuten drive time. Sie war so horny, zumindest erklärte sie das, dass ich alles mit ihr machen durfte, Hauptsache sie würde eine warme Ladung in ihr pochendes Loch bekommen. Wenn ich auf ihre Nachrichten nicht gleich reagierte oder nicht adäquat genug, drohte sie mir mit Strafe. Es wurde zickig. Aber mit dem Oberhammer rückte sie nicht sofort raus. Ich selbst konnte ja auch nicht mit der Tür ins Haus fallen bzw. ich hatte hier schon einiges an Lehrgeld bezahlt und so kamen wir erst sehr spät auf dieses Thema. Sie stand total auf Kehlenfick. So weit, so gut, aber nur bei anderen, also beim Zuschauen, selbst blasen war top, aber die Sahne nur auf die Brüste – ich war schockiert, aber ließ es mir als Gentleman nicht anmerken. Tat so, als sei ich nicht gekränkt.

Leider war das der Anfang vom Ende, wobei Immerrot überhaupt nicht richtig zugehört hatte, denn ich stand gar nicht auf echten Sex, zumindest nicht mit ihr, sie war nicht mein Typ, dafür hatte ich andere. Ich war kein Zuchtbulle? Insgeheim hoffte ich aber, dass wir befreundet bleiben würden, denn ihre Geschichten waren top und sie war eine große Künstlerin.

# Wohlstandsverwahrlosung

Neues Handy – kein Bock.
Neues Tablet – immer noch kein Bock.
Mutter bockt's nicht.
Vater bockt's nicht.
Alle nerven – die Nerven liegen blank.
Blankes Fleisch, die Knochen schauen hier und da raus,
das Herz liegt frei – Nervenkrieg hat begonnen.
Heute pappas arrugadas mit rijo mojo,
bockt das? Nö, geht so.
Ist grad viel Hunger in der Welt,
bockt mich nicht.
Bringst du bitte den Müll raus,
kein Bock.
Ich habe dich lieb,
bockt mich nicht.
Wie war die Schule? – Scheiße! – verstehe ich gut.
Vegan – bockt, radikal sein auch.
»Willst du immer noch Arzt werden?«,
Nein, kein Bock.
Was dann?
*Killer oder Hartz IV oder JUNKIE oder alles zusammen.*
Würde das bocken?
Ja, denke schon.
Okay. Viel Erfolg – ich mach 'n anderes Ding.
Beten und Hoffen.

# Suizid 1

Hans, ein Oberkommissar aus Süddeutschland, wurde zu einer Leiche gerufen. Es war ein schöner heißer Sommertag, früher Nachmittag und eine schöne wohlhabende Gegend des guten, alten, ehrbaren Mittelstandes. Die Adresse war gut zu finden. Ein Opel Vectra in grün-weiß stand davor. Ein tolles Auto. Nur der Schaumstoff um das Lenkrad war schon von nervösen Fingern zerfetzt worden. Fast jeder Streifenwagen zeigte bei aufmerksamer Betrachtung die Zwänge und Ticks der Benutzer. Der Job machte viele fertig. Das Anwesen lag ruhig da, es war einfach nur schön anzusehen, in der Einfahrt parkte ein bunter Sanitätswagen vom ASB.

Ein schönes großes Haus – eine Bergvilla, weißer Münchner Kratzputz, leicht verwittert hier und da, braune Fensterrahmen, dunkle Ziegel mit Flechten, Jugendstil in Sandstein, etwas in die Jahre gekommen, eine ruhige Gegend von Heidelberg, direkt am Hang. Hinterm Haus lag ein Garten. Der Garten hatte leichte Neigung zum Neckar. Er war groß. Keine grüne Hölle, alles schön gepflegt. Hans schätzte mindestens 1.000 Quadratmeter. Alle waren schon da, die örtlichen Sheriffs in ihren grünen Uniformen. Schön anzusehen, alles ordentlich aus der dienstlichen Kleiderkammer. Schöne Falte im Hosenstoff. Da die Witwe. Geschockt. Eine Tochter. Fassungslos. Eine Freundin. Erregt. Und Hans und seine lieben

Kollegen plus zwei Sanitäter, die aussahen, wie die zu oft aussehen, krasse Typen, die Wohnungen von denen wollte er nie kennenlernen, und ein junger eloquenter Notfallarzt, der gerade zum nächsten Einsatz gefahren wurde.

»Hallo Leute …«, begrüße Hans das Uniforme Kollegenteam, das im Eingang stand und dann »… was liegt an?«

»Hi«, kam es freundlich zurück.

»Wo können wir uns ungestört unterhalten?«, fragte Hans.

»Lass uns in den Garten gehen«, antwortete die Kollegin, »da ist auch die Leiche.«

Prima, dachte Hans, das passt ja an diesem Sommertag. Vielleicht wird es mal eine schöne Leiche? Arbeiten in der Natur wie ein Gärtner.

Der Gärtner war immer der Mörder, ging es ihm laut durch den Kopf. Das war gut er hatte sozusagen schon den ersten Hinweis. In gewisser Weise war er das auch, denn eine Leiche hatte in einem so schönen Garten nichts verloren, sie wirkte wie Unkraut, wie Brennnesseln oder Herkulesstauden. Zu dritt trollten sie sich in die Mitte, dort stand ein schöner hölzerner Pavillon – weiß mit einem schwarzen Dach aus Erdpech-Schindeln, die ringsum am Rand ein paar Zentimeter überstanden. Das Ding war recht groß, als Oktagon angelegt, mit hohen Sprossenfenstern. Manches Haus in der Dritten Welt war bescheidener. Ringsherum rankten rote Rosenbüsche in voller Blüte. Bienen summten um die Wette und die Natur schrie: »Es gibt Pollen und Saft, überall.«

Beim Umherblicken erkannte er vor der Garage einen dunkelgrünen älteren Jaguar. Silbern blitzte die Raubkatze und sprang ohne Furcht ein Leben lang in die *tödlichen* Strahlen der Sonne.

Niemand hatte es eilig, dieses Element liebte Hans an den Toten – es gab nichts mehr zu retten und niemand drängte einen in der Regel, denn alle wollten, dass gut und sauber ermittelt wird. Leichensachen genossen die oberste Priorität, wobei das nicht ganz stimmte, denn das Budget wurde immer wichtiger und überstrahlte so manchen Fall. Geld regiert die Welt und mittlerweile nicht nur das Verbrechen, sondern auch die rationalen Werkzeuge der Ermittlungen. Scheiß Geld, dachte Hans, aber hier war wohl genug vorhanden – es nützte nur seinen Nachforschungen nichts. Der Reichtum war einfach ungerecht verteilt. Er stellte sich deshalb vor, dass er den Jaguar als zukünftigen Dienstwagen bekäme, denn hier wurde er wohl nicht mehr gebraucht. Dann würde jeder vor Neid erblassen. Der coole Hans im schönen alten Jaguar, das hätte er verdient. Sozusagen als Preis für seine Nachforschungen – eine Auszeichnung für besonders gute Leichensachbearbeitung. Freudig strahlte er und befühlte vorsichtig die zarten Rosenblätter. Er rupfte eines ab und steckte es sich in den Mund. Es gab erstaunte Augen.

»Rosenblätter sind sehr gesund«, gab er zur Beruhigung an, »und schmecken lecker.« Dann war er ganz Ohr. Kaute das Blatt und wartete auf weitere Infos.

Die Kollegen der Terrakotta-Armee erzählten, dass die Frau im Yoga war und wie sie wieder heimkommt, findet sie auf dem Wohnzimmertisch einen Abschiedsbrief vor.

Der Brief war schon in Plastik versiegelt und wurde übergeben. Es war eine ordentliche Schrift, auf einem Din-A5-Block, kariert. Sinngemäß fanden sich dort die Worte: »Mein lieber Schatz, es tut mir leid, ich kann nicht mehr. Verkaufe das Anwesen, wandere nach *Malle* aus und genieße dein restliches Leben. Sei mir bitte nicht böse. Ich habe mich im Pavillon mit der Gasflasche vom Grill erlöst. Ich liebte dich, Peter.« – dann noch ein Warnhinweis wegen dem Gas.

Sehr schön, dachte Hans, das sieht doch nach einer glasklaren schönen Ermittlung aus. Leiche, Abschiedsbrief, Suizid, das könnte alles gut passen. Aber er war vorsichtig.

Es wird ermittelt wie immer, dachte er. Professionell und ohne gescheites Equipment. Was es jetzt noch bräuchte wäre ein Grund fürs Abtreten und der Ausschluss von Fremdeinwirkung, dann war das Ding schön rund. Hans wusste, der Teufel war ein Eichhörnchen und er schlüpfte in viele Rollen und trieb sein Unwesen und so mancher Todesfall war reine Oper- bzw. Theaterinszenierung. Hier musste er auf alle Fälle noch ein Schriftgutachten machen, obwohl er das nicht gelernt hatte, aber das kümmerte die Staatsanwaltschaft wenig.

»Die Feuerwehr hat gelüftet«, erklärten die Terrakotta-Krieger unisono.

»Wo ist der Leichnam?«, wollte Hans wissen, denn so langsam begann der morbide Teil.

Der tönerne Arm des Kriegers erhob sich langsam, geräuschlos nach oben und zeigte mit leicht hängendem und nach unten gebogenem Zeigefinger, auf das innere des Pavillons.

Das war *tricky* und jeder der so regelkonform und herzlichst abtrat, genoss den Respekt von Hans. Die, welche sich vor den Zug warfen oder andere in ihrem Untergang absichtlich mitrissen oder ungefragt für eigene Zwecke einspannten, verachtete er etwas. Viele waren natürlich krank, das war ihm schon klar.

Hans ging vorsichtig voraus. Er öffnete einen Flügel der Türe und begann routinemäßig mit der Arbeit. Er trat ein Stück vor, ganz nah an die Tür, und verschaffte sich einen Überblick. Es roch nach Rosen, auch drinnen, das konnte nur bedeuten, das Gas war raus. Sehr groß war das Teil von Innen nicht und überhaupt brauchten sie nicht alle so beengt wurschteln und in der Regel war es ausreichend, wenn einer die kriminalpolizeiliche Leichenschau durchführte. Er war der größere Profi, dieses Terrain heikel, wegen des Jaguar, und deswegen hatte man ihn an den Tatort gerufen. Der Geldadel bekam immer eine speziellere meist bessere Behandlung. Gerade bei Selbstmord war äußerste Diskretion angesagt und deshalb war er hier. Vielen war es peinlich, wenn einer freiwillig abtrat. Die Zeitungen würden dann irgendeine der Wahrheit entfremdete Story darüber schreiben. Das hatte er schon so oft erlebt. Später würde er mit dem schönen Jaguar wegfahren, denn er war Teil des Filzes geworden, über die Jahre. Es störte ihn nicht. Moral Fehlanzeige. Käuflich logo. Sogar billig. Seine Ansprüche waren gering. Fast minimalistisch. Er musste schmunzeln. Wie die Welt doch immer auf etepetete und Contenance machte. Waren die meisten eigentlich blöd? Zu doof, mal ein gutes Buch zu lesen. Wer die Welt, wie regiert, wird doch von so vielen Hinterhöfen gerufen. Schätzungsweise hatten die meisten einfach nur Angst, genau hinzuhören, und deshalb suchte die Weltelite auch ständig neue Führer und Erfüllungsgehilfen. Er war einer davon geworden und so ließ es sich zumindest besser leben. Fresse halten und Durchmogeln.

»Es reicht, wenn einer von euch hier bleibt, mir vielleicht hilft beim Drehen und der andere vernimmt bitte die Ehefrau.«

»Jawohl, Herr Kommissar.«

Lustlos trottete die Hälfte der Terrakotta-Arme wieder Richtung Haus. Beim Laufen hinterließ der Krieger auf dem Gartenboden kleine Tonstücke. Oder war es Gartenkies?

Hans wollte jetzt loslegen. Er wollte es hinter sich bringen. Bis zum Dienstende mit den ganzen Berichten und Formularen später auf der Amtsstube war die Schicht erledigt. Eine Leiche *Istgleich* acht Stunden futsch. Alleroberste Regel waren die Verschlussverhältnisse, das musste er wissen, noch bevor er mit der Arbeit anfing. Eine offene Wohnungstür oder wenigstens unverschlossen konnten erste Hinweise auf ein Verbrechen sein. Wohingegen eine Wohnung im 40. Stock des *Collini-Center*, bei der die Tür zugesperrt war und der Schlüssel von innen steckte und keine weitere Person anwesend war, fast immer eine todsichere Bank war. Es gab dann diese Momente bei den Ermittlungen, wo man loslassen konnte, wo klar wurde, es war Selbstmord oder Pech. So weit war er hier noch nicht.

»Wie waren die Verschlussverhältnisse?«

Er musste es sofort wissen. Nervosität. Die Terrakotta-Polizistin wirkte fahrig. Lust war nicht vorhanden. Warum auch? Die Alimente kamen regelmäßig. Die wollten immer so schnell wie möglich weg. Man konnte es ihr nicht verdenken, aber für Hans war es Tagesgeschäft. Es gab fast nichts anderes. Immer nur Tod. Er hatte allein die letzten drei Jahre so tausend Tote gehabt. Sie würden gerade so in den Garten passen, wobei der eine oder andere auf das Dach vom Pavillon gehievt werden müsste. An die Dachrinne vom Wohnhaus könnte man auch noch einige, wie ungarische rote Paprika nach der Ernte aufhängen. Würde er die im Jenseits wiedersehen?

»Also, die Feuerwehr war schon vor Ort. Wir kamen erst später dazu. Die meinten, die Pavillontüren waren verschlossen. Der Schlüssel steckte, drinnen.«

Von Innen im einfachen Zylinder war der Kopf eines messingfarbenen Schlüssels zu erkennen. Die Türe wirkte unversehrt.

»Hinter der Türe und an den Seiten waren Decken in die Ritzen geschoben. Die Feuerwehr meinte wohl eine Maßnahme, damit keine Luft reinkommt.«

Oder kein Gas verschwendet wird. Das war schlau, dachte sich Hans. Hier hatte einer Ahnung von seinem Geschäft und er hatte es womöglich geplant, wenn nicht die Verwandtschaft ihn so geschickt abservieren wollte, um an sein Vermögen zu kommen. Schätzungsweise waren die auch auf den Jaguar scharf. Er würde ihnen aber einen Strich durch die Rechnung machen. Aber diese Art der Vorgehensweise, der Blick auf die Versicherungspolice, das gab es in Deutschland nicht. Niemand kümmerte es hier, ob eine verstorbene Person reich oder arm und wer der Begünstigte der Lebensversicherung war.

»Die Türen konnten sie grade so eindrücken. Da lag er angelehnt an die hintere Wand auf dem Boden sitzend.«

Für die Ermittlungen war es total wichtig, die Details der Antreffsituation genauestens zu protokollieren. Hier fanden sich oft die wichtigsten Hinweise, ob es sich um ein Kapitaldelikt oder nur um einen kapitalen Hirsch, der mit einem Plattschuss vom Sensenmann erwischt wurde, handelte. Vielen unterliefen gerade hier, beim Vertuschen von Taten, beim Nachstellen von Szenen oder Arrangieren von Tatorten entscheidende Fehler, weil das auch wirklich super kompliziert und sehr anspruchsvoll war. Einen Spezialisten, wie Hans es war, zu foppen, war eigentlich unmöglich. Nur mit Schmiere ließ er mal was unter den Tisch fallen. So machten es viele. Es war eigentlich nicht möglich, da war er sich sicher, solange er konzentriert blieb.

»Die haben die Fenster aufgerissen, Gebläse an, kurz gewartet und dann gingen die Sanis rein. Sie haben ihn auf den Rücken gelegt und untersucht, AED dran, aber vergebens. Der Notarzt stellte dann den Totenschein aus.«

Sie reichte ihm das Schriftstück, darauf stand Todesursache NICHT NATÜRLICH. Tod festgestellt am soundsovielten gegen 13:33 Uhr. Unterschrieben war es mit Fr. Dr. De-Ling von der Rechtsmedizin Kaiserstuhl. Zum Glück war die schon weg, kam es Hans in den Sinn, denn das war eine ungemütliche Person. Dünn, extrem dünn sogar, und immer schlecht gelaunt und irgendwie hatte die eine ganz, ganz spezielle Beziehung zu den toten Körpern und sie war ständig am flirten mit ihm und den Leichen. De-Ling kam ursprünglich aus Cambodia, manche meinten sie hätte so einen *nekrophilen* Touch. Ein Schauer lief ihm über den Rücken. Er wollte weitermachen. Ablenkung.

»Hat der Arzt oder die Feuerwehr noch was erwähnt?«

»Nein.«

Hans untersuchte zuerst die Gasflasche. Am Hals war sie vereist und komplett leer. Schütteltest. Er kontrollierte zur Sicherheit nochmal das Ventil. Dann machte er ein Foto von seiner Antreffsituation. Dann ging er nochmal raus und machte auch ein Foto vom Pavillon mit Blick durch die Türe auf die Leiche. Es sah aus wie ein Anitas Stillleben nur in echt. Am liebsten hätte Hans die Leiche noch arrangiert. Manchmal, in seinen Träumen, sah er die Toten, wie sie ihn baten noch ein letztes Porträt von ihnen zu machen. Aber oft war es unvorteilhaft für sie, weil sie gerade von hoch oben auf den Asphalt aufgeschlagen waren oder der ICE sie in molekulare Teile zerlegt hatte. Er machte dann halt die Bilder, denn er wollte ihnen nicht weh tun. Schlimm war es für ihn, wenn sie das Ergebnis sehen wollten und dann entsetzt waren. Dann konnten die schon mal sauer werden.

»Aber bitte schön gruselig«, sagten manche. Das fand er gut.

»Hallo, sind Sie der Horror-Fotograf?«

»Ja, das ist mein Metier. Darauf bin ich spezialisiert. Porträts mit Zombies.«

Dann noch ein Foto vom Garten, von den Rosen, vom Haus, vom Jaguar. Ende mit den Außenaufnahmen. Neues Set.

Hans ging wieder rein, stellte sich über den Leichnam und knipste jedes Detail. Ganz wichtig waren die Hände. Er hatte sie genau untersucht, es gab keine Anzeichen eines Kampfes, kein Dreck, keine beschädigten Nägel oder Hautpartikel darunter, alles war gepflegt. Der Tote trug kurze Hosen, darauf ein blaues T-Shirt. Es war eine Angenehme Sache heute, eine schöne LEICHE, denn das Fleisch war frisch und weich. Nichts Gammeliges. Auch das Drumherum war ordentlich und gepflegt. Nobel. Elitär. Seine Zukunft. Hans zog sich erst einmal neue Einweg-Handschuhe an, während draußen geraucht wurde. Die Farbe blau mochte er da am liebsten. Dann blickte er in dem übersichtlichen Pavillon noch einmal umher und sprach auf sein Diktiergerät: »Datum, 14:33 Uhr, Leiche im Rosen-Pavillon, der Leichnam befindet sich an der dem Eingang gegenüberliegenden Wand. Er liegt in Rückenlage auf dem Boden. Der Kopf ist leicht nach links gedreht. Die Augen offen. Nach Auskunft der *Streifenhörnchen* saß der Verstorbene auf dem Boden mit dem Rücken an der Wand. Der Kopf hing schlaff nach unten. Speichel trat aus dem Mund. Auf deren Bericht wird hier verwiesen. *Neuer Absatz*. Von der Feuerwehr war Löschzug Nord eingesetzt. Brandwachtmeister Maier drückte die Türen ein. Diese sollen nach seinen Angaben verschlossen gewesen sein. Ein messingfarbener Zylinder-Schlüssel steckte von innen in der Tür. Schließversuch erfolgreich. Zunächst wurde der Raum belüftet. Auf der 50 Liter Gasflasche findet sich der Aufdruck Butan. Sie stammt vom Gartengrill. Die Sanitäter zogen den leblosen Körper von der Wand weg, etwas in Richtung Raummitte, zerschnitten die Oberbekleidung und der Notarzt Dr. Ocean stellte gg. 12:05 Uhr den Tod fest. Todesursache nicht natürlich. Daraufhin wurde Fr. Dr. De-Ling verständigt und das Dezernat für Todesfallermittlungen. Sichere Todeszeichen waren und sind vorhanden. Die Arme liegen seitlich am Körper, die Beine sind ausgestreckt. Alles lässt sich noch leicht bewegen.«

Hans stoppte die Aufnahme. Es war an der Zeit, den Körper zu entkleiden. Manchmal war das gar nicht möglich und er musste die Kleidung zerschneiden. Aber hier war noch keine Starre eingetreten, das Eiweiß der Muskeln noch frisch, alles ging flott, wie bei einem Date. Die Hose war im Schritt nass, Pisse, und nachdem er sie auszog und in eine Ecke warf, bildete sich eine kleine Lache gelber Urin, Kotabgang war nicht vorhanden. Das fand er schön. Ein kleiner Lichtblick. Um den Ekel bei diesem Tun zu überwinden, dachte Hans immer an seine Lieblingsleiche, eine hübsche junge Frau im Bikini, die im Liegestuhl an einer Überdosis verstarb. Damals hatte er sich sogar in sie verliebt.

Er hatte den Mann jetzt einmal komplett gedreht, hatte in alle Öffnungen – Mundraum, Nase, Ohren und After geschaut und nichts Verdächtiges erkannt. Auch die Augen und Augenlider komplett unauffällig. Nichts verdächtiges. Keine kleinen Punkte auf der Innenseite der Lieder. Wie schön. Der Fall schien immer mehr reine Routine zu werden. Es gab keine Herausforderung. Er steckte dem Toten noch schnell den Leichenthermometer in den *Arsch*, wobei das eigentlich ein normaler Bratenthermometer war, hierbei kam es vor, dass es hackte, nicht tief genug reinging und er deshalb mit Kraft zudrücken musste und Blut spritzte – dann entschuldigte er sich in Gedanken. Heute lief alles glatt. Der Messstab steckte in einem Handschuhfinger, so sparte er sich das Reinigen. Er schaltete das Aufnahmegerät auf play, spulte ein kurzes Stück zurück. Es gab dieses quirlig quietschende Geräusch von Plastikrollen, dem Lesekopf und eine Sprache, die wie ein Maschinencode klang. Dann drückte er die Play-Taste.

»… seitlich am Körper, die Beine sind ausgestreckt …«

Nun kam noch der Rec-Knopf hinzu.

»Die Leiche zeigt keine Abnormitäten, alle Öffnungen sind situationsgerecht, keine Einblutung, keine Anzeichen von Gewalt, die Leichenflecken lassen sich noch umlagern und sind wegdrückbar. Es fanden sich welche am Gesäß, den Füßen und im Hüft- und Rückenbereich. Die Augenfarbe ist braun. Insgesamt macht der Verstorbene einen gepflegten Eindruck. Er weist einen leichten Bauch und etwas Übergewicht auf. Größe ca. 169cm. Das Haar ist schütter und braun, die Augenfarbe dunkel. Die Körperkerntemperatur beträgt gg. 14:44 Uhr 35 Grad.«

»Rewqqqq.« Hans drückte die Stopp-Taste. Jetzt brauchte er als Vergleich noch die Raumtemperatur, obwohl das hier keinen Sinn zu machen schien. Er ging kurz nach draußen. Die Kollegin von der Pinguinhorde war verschwunden. Die Kippe lag am Tatort. Schlamperei. Aber es hatte keinen Sinn, hier Wellen zu machen. Vor der Tür stand seine schwarze Eastpak-Leichen-Tasche, nie würde er die Tasche noch privat nutzen können, darin war die Kladde die er jetzt grade brauchte (für die Übersichtsskizze). Er holte tief Luft, denn obwohl das hier alles so frisch war, war's drinnen stickig, schwül und es roch jetzt nach Tod und altem Butan-Gas, Pisse und einsetzender Verwesung. Aus einem Menschen, der eben noch einen hohen ideellen Wert hatte, der schätzungsweise geliebt oder nach angelsächsischem Model sogar einen exakten mathematisch berechenbaren Wert in Dollar aufwies, war nun innerhalb kürzester Zeit ein Haufen Abfall geworden. Die Eiweißproteine begannen ohne Sauerstoff sofort zu zerfallen – alle Muskeln wurden schlapp, später hart, die Lebensspannung war raus, auch die Anspannung. Das Hamsterrad stand jetzt still, für dich, guter Mann. Du hast es geschafft. Amen.

Bei Hans war es ähnlich, die Arbeit war fast getan, er hatte keine Hinweise auf ein Fremdverschulden gefunden. Alles deutete tatsächlich auf einen Freitod hin, wenn jetzt die Anhörung der

Ehefrau und der Abgleich mit den Datensystemen auch keine weiteren Neuerungen brachte, war das Ding durch. Gegessen. Der Fall nach Hause oder besser zum Dezernat geschaukelt. Der Abschiedsbrief bekam die Asservatennummer eins. Er klebte einen grünen Zettel, mit allen erforderlichen Informationen außen auf die Tüte.

Er freute sich auf einen miesen Kaffee auf der Dienststelle, das Abtippen der Protokolle, das überspielen der Bilder, das Anlegen eines Dienstberichtes und dann als krönender Abschluss einen Vermerk für die Staatsanwaltschaft, damit diese den beschlagnahmten Leichnam wieder freigeben konnte. Dann Feierabend und heim zu den Lebenden.

Hans zog die Handschuhe aus, stülpte sie ineinander und legte sie zur Leiche. Dann ging er rüber zum Jaguar, lehnte sich an die B Säule und rief auf der Dienststelle an.

»KDD Monnem …«

»Hi, Hans, bin fertig hier. Normale Sache. Komme jetzt wieder zurück. Schickt ihr mir bitte noch die Kolonne.«

»Bestatter sind unterwegs und es gibt schlechte News.«

»Was liegt an?«

»Versuchtes Tötungsdelikt in der Neckarstadt. Unbekannter Täter überfällt Hunde-Friseursalon und würgt eine der Angestellten. Du musst da hin. Das Abtippen muss warten. Presse ist auch schon vor Ort.«

»Ok, schick mir die Daten, ich fahr dann hin, mit dem Jaguar.«

»Was für'n Jaguar?«

»Ach nichts, erkläre ich dir später. Tschau«

Irgendwo bellte ein Hund und dann noch einer. Er war jetzt fertig. Das Protokoll der Ehefrau ergab, dass der Mann depressiv war. Noch kurz Tschüss, höflich und zum tausend und ersten mal Beileid bekunden.

Hört das denn nie auf?, dachte Hans. Dieses Sterben und Morden. Ständig. Permanent Stress, zu wenig Zeit und zu wenig Personal. Ein Horrortrip, wie die Telegram-Video-Dauerschleife. Die Leichen schlugen bei ihm so schnell ein wie die Salven eines Maschinengewehrs. Das war auch gut so. Es blieb keine Zeit zum Nachdenken übrig. Das war wohl auch das Problem der meisten Lebenden. Sie dachten einfach nicht genug nach. Für Hans war es ein permanenter Road-Trip über den Friedhof des Lebens. Er brauchte nicht nachzudenken, denn er bekam die Realität und die versteckten Wahrheiten auf einem Silbertablett serviert.

# Wie gutes Leben geht!

Das Dasein ist nicht mehr die korrekte Existenz, der Vergangenheit, sondern eine Mauer vor der Wirklichkeit und somit bleibt alles Fiktion und die Wahrheit verborgen, aber mit etwas Realität schafft man den Punkt der Reflektion zu finden und mit etwas Fleiß und noch mehr Glück wird man wieder Mensch und findet sich in der Gegenwart, die einem dann wie eine verblendete Zukunft erscheint, deshalb ist es wichtig, bewusst ein- und auszuatmen und sich einer permanenten Wiedergeburt zu unterwerfen, ansonsten sieht es nicht gut aus und DU bleibst Teil der *Shopping-Armee*, was kein Beinbruch wäre – es geht auch so, dann ist es halt SCHEISSE.

# Ode an die Hülle nach Horaz

Harte Zeiten
hatten wir durchzumachen,
doch nach fast fünf Jahrzehnten
wird es endlich ruhiger.

Der kalte Nordwind
legte sich langsam,
das eigentliche Leben beginnt.

Die Jahre dazwischen,
waren ein Wechsel aus
Gier,
Verblendung,
falschen Göttern,
zaudern usw.

Jetzt, da ich mich das erste Mal
ein Stück, selbst erkannte, lacht,
wurde mir klar, wer ich nicht bin.

Wer ich tatsächlich bin,
weiß ich immer noch nicht
und die Bäume sagen es nicht.

Zu viel Zeit ist vergangen
und schon naht das Ende
und der kalte Nordwind
wird bald wieder zunehmen.

So kurz war die Zeit,
der Erkenntnis,
die Herkulesaufgabe
konnte nicht annähernd bewältigt werden.

Auf ein Wunder warte ich nun,
dass die Seele plötzlich
nach oben springt.

Es riecht nach Untergang,
wie salzige Seeluft, mit Tang,
die der Sturm in mein Gesicht drückt.

Was bleibt, ist Dankbarkeit an dich,
meine geliebte,
oft gehasste, gescholtene
und nie perfekt passende Hülle.

Danke für die Zeit,
in der du mich durchs Leben trugst,
jederzeit bist du frei
und darfst deinen Dienst quittieren,
den Schlussstrich
haben wir zusammen
vor einem Jahr bereits gezogen.

## Ich bin defekt

Ich bin ein *Wikser* – wixe jeden Tag.
Also sag ich du großer W I K S E R zu mir.

Ich bin ein kaputter Psycho – psychotisch jeden Tag.
Also sag ich Irrer zu mir.

Ich bin immer im Stress – stressfrei ist kein Tag.
Also sag ich stressiger Job, dein Leben.

Ich bin ziemlich kompliziert – unkompliziert ist fast kein Tag.
Also sag ich komplizierter Typ.

Ich bin ein Kacker – kacke jeden Tag.
Also sag ich verkackter irrer scheiß Typ.

Ich bin noch nie richtig gelaufen – nix klappte nur einen Tag lang.
Also sag ich es läuft nicht.

Ich mag die Menschen nicht – mögen auch mich nur einen Tag.
Also sag ich der Tag geht zu Ende, immer.

Ich habe krasse Standpunkte – rede jeden Tag darüber.
Also sag ich, du bist der Prophet – den keiner mag.

Ich hätte gerne mehr Applaus – jeden Tag.
Also sag ich's laut.

Ich habe Albträume – jede Nacht.
Also sag ich, träume bittersüß.

Ich überspiele alles mit Unsicherheit – bis in die Nacht.
Dann sag ich, lasst mich in ruh.

Ich bin ein *Entäuscher* – enttäuschte schon Viele viele Tage lang.
Also sag ich, willst du enttäuscht werden, komm zu mir.

Ich bin untreu und trotzdem treu.
Deshalb sag ich, du geile Sau.

Ich bin ein Schrotthaufen – voller Defekte jeden Tag.
Also sag ich *Schrotti* zu mir.

Ich werde ruhiger durch deine Liebe – am Tag und in der Nacht
Also sag ich bleib hier und hilf mir reparieren.
Danke!

# Mantra zum Glück

Ich bin TOLL, ein SUPER Typ und OK.
GOTT MAG MICH – ich ihn auch.
Ich liebe die Menschheitsfamilie.
Mein neuestes Buch wird ein GROßER ERFOLG werden,
es wird in viele Sprachen übersetzt.
Heute lohnt es sich aufzustehen,
es wird ein GUTER TAG,
ich tue, für was ich geboren wurde,
wie die HUMMEL,
darüber brauche ich nicht nachdenken,
denn ich habe einen eingebauten Autopiloten.
Jeder vernünftige Weg und jede Handlung sind die richtige.
Ich werde ERFOLGREICH sein.
Ich werde eine LIEBEVOLLE PARTNERIN an meiner Seite haben.
Ich werde einen PARKPLATZ bekommen.
Was für ein GEILES LEBEN – DANKE!
Ich werde GLÜCKLICH SEIN.
Ich möchte einen BAUERNHOF,
mit KRÄUTERSCHNECKE und TIEREN.
ohne Plastikrolläden und Gartenstühle aus FSC-Holz.
Ich bin GESUND.
Ich WERDE GESUND.
Ich BLEIBE GESUND.
Ich BIN HÜBSCH – viele BEGEHREN mich.
Ich BLEIBE BARMHERZIG und ACHTSAM.

Ich wünsche TOLLEN SEX und einen mega DAUERSTÄNDER.
Ich will in der LOTTERIE GEWINNEN.
Ich will B-ERÜHMT SEIN.
Ich tue das RICHTIGE.
Der MM wird meine GESCHICHTE bringen.
DANKE, LEBEN – danke, GEILES LEBEN!

# Cut-up mit den Augen und Ohren

Strandblick, Düne Numero 6,
muss abgeschleppt werden,
Zuckerhut,
Coca-Cola erleben.
Tiere ganz nah.
Bestellen, STOP – das 90-fache.
Das Skigebiet war so geil.
Idioten, Lala Küche geschlossen.
Hohe Düne ist das Ende. Nein.
Ja, für mich, locker.
Marina, herzlich Willkommen.
Am Ende sind alle die DUMMEN.
Eis mit frischen Fischbrötchen.
Hobby, nicht Arbeit.
Buddha und Loro.
Wolf ist ein Multistar und Genie.
Das schönste ist, es als einziger zu wissen.
Deshalb muss der Sandmann her mit seinem
Energieservice.
AC / DC und wie viele Leute dürfen da dann rein?
Bis zum *Bestservice,* wenn Bio wird.
Aber 7 bis 20 Uhr dann Ende CERVISIA.
Naturell bis auf den Grund.
Die Quelle ist das Ei des Kolumbus.
Junge, du bist kein großer Geist.
Verblendung ist deine Grenze.
Beeindruckend. Eine große Kuhherde bei Pramort.
Damwild.
Das Ganze ist Hobby, nicht Arbeit.

Buddha ist gleich Loro und
Wok ist ein GENIE.

# Definition Dasein

Nennen wir es LEBEN.
Das Leben ist wie ein Baum.
Irgendwann geht es los.
Mit viel Glück schafft man einige Jahre,
es gibt so viele Fraß-Feinde und Holzfäller
und die meisten Feinde
kann man noch nicht mal erkennen.
Es gibt auch nur-keine-eine-diese Wahl.

Um einen herum stehen nur Eiben.
Alles um das eigene Leben herum,
IST toxisch. Ziemlich GIFTIG.
Man sollte schon sehr vorsichtig sein,
wenn man eine der süßen roten Beeren nascht.
Und tatsächlich ist mehr auch nicht drin.
Aber das reicht doch!

# Wellen (Haiku)

Rollende Wellen.
Starke Gicht auf Fischland.
Kschschschsch...

# Ein noch kürzeres Nachwort

*»Mistkäfer*
*sind die schlausten*
*und*
*moralisch höchststehenden Kreaturen*
*auf der Welt,*
*denn sie fangen gleich*
*mit der*
*Scheiße*
*an und machen daraus*
*Kunstwerke*
*à la*
*Colani.*
*Als DANK,*
*liegen sie dann*
  *zerdrückt*
*und von*
*Stollenreifen*
*platt*
*gefahren auf dem*
*Waldboden*
*oder*
*sind an dem ganzen*
*MIST*
  *krepiert.«*
*(Skarabäus war der heilige Käfer des Nil-schlamms im alten Ägypten.)*

**Gender-Disclaimer und Netiquette**

Sollte ich ihre Gefühle verletzt haben, so tut es mir leid, das lag mir fern. Meine Inhalte verstehen sich als Unterhaltung und Anregung. Ein konstruktiver Beitrag. Zum Zwecke der Lesbarkeit wurde auf die geschlechterspezifische Schreibweise verzichtet. Alles ist somit neutral zu sehen oder wie Sie möchten, aber immer harmlos. Sollten Sie irgendwo einen Fehler entdecken, dürfen Sie das gerne mitteilen. Für freundliche konstruktive Beiträge bin ich Ihnen sehr dankbar.

**Bisher von Robert Patrick Martin im Rediroma-Verlag als Softcover und eBook erschienen sind folgende Titel:**

**Total geile(r) Psycho**
ISBN 978-3-96103-747-6
398 Seiten

**Getäuschter Mann**
ISBN 978-396103-798-8
220 Seiten

**Mannheim - Mittelpunkt der Welt**
ISBN 978-3-98527-003-3
223 Seiten

**Herzverlierer**
ISBN 978-3-98527-191-7
365 Seiten

**Neandertal-Rules**
ISBN 978-3-98527-281-5
192 Seiten